“マーケティング脳”を鍛える

バカ売れトレーニング

Training for the "Marketing Brain"

MBA&中小企業診断士
マーケティングコンサルタント
佐藤義典

秀和システム

はじめに

倒産原因の約6割は「販売不振」

2003年における企業の倒産件数（負債総額一千万円以上）は16255件で、前年より14.8％減っているものの、負債総額は11兆5818億円と戦後7番目の水準になっています（商工リサーチ調べ）。

また、中小企業庁の中小企業白書2003年度版によると、2002年における倒産原因の57.9％は販売不振が占めています。つまり、**倒産の約6割は「販売不振」が原因**。ほかにも融資の引き揚げや放漫経営などが倒産の原因として思い浮かびますが、それらはそれぞれ1割にも満たないんですね。

売り上げは、企業にとって何よりも大事なものなのです。

売り上げは七難隠す

モノやサービスを販売してお客様からお金をいただき、そのお金で会社を運営し従業員に給料を払う。こうしたことを繰り返して会社が運営されていくわけですが、とにかく売り上げがなければ何もできません。商品原価や流通費などのコストを削減することで利益を出そうとしても、肝心の売り上げがなければそれもできないのです。

ひとくちに会社といっても、その業態は多種多様。一般の消費者に直接何かを売っている場合もあれば、会社同士の取り引きで成り立っている場合もあるでしょう。でも、共通して目指すべきなのは、お客様の役に立てる商品を提供して、**売り上げを伸ばす**こと。そして**資金回収**。この2つさえしっかりできていれば、ほかのことは何とかなるのです。

頑張るだけでは売れない時代

この本を手に取ったあなたは、現状を何とかしたいという思いを持っていらっしゃることでしょう。売り上げを伸ばすために、いろいろ頑張ってこられたかもしれません。冒頭でご紹介したように、倒産件数はかつてないレベルに達していますが、倒産してしまった会社の方たちも、みんな手をこまねいていたわけではありません。頑張って、頑張って、それでもダメで、矢尽き刀折れて倒産したのです。

売り上げが伸びないのは、あなたが悪いのでしょうか？　違います。この本を手に取るような方は、頑張ってきたはずです。では何が悪かったのか？　それは、**武器がなかった**のです。**どんなに優秀な人でも、丸腰では強力な武器を持った相手には勝てません**。栄えるか、倒れるか。それは、武器の強さに大きく影響されるのです。

一つの武器だけでは足りない

今までにも、たくさんのマーケティング本や経営本をお読みになったかもしれません。古今東西、いろいろな本が出ています。感情マーケティング？　いいでしょう。小売店なら。しかし、一銭のコスト削減に血道をあげるような素材業界では通用しません。経験マーケティング？　いいでしょう。レストランなら。しかし、顧客が1円でも多くの利益を求めるBtoB（企業間取引）では、相手もコスト削減に必死です。MBAマーケティング？　それもいいでしょう。おカネも人もたくさん持っている大企業なら。

「ナントカマーケティング」には、それぞれいいところがあります。感情マーケティングはBtoC（消費者対象取引）で圧倒的に強いときがあります。MBAマーケティングも、大企業が戦略をたてるときには強力な武器になります。

しかし、どれか一つだけではダメなんです。**全ての業種、全ての顧客に対して万能なマーケティングノウハウなんかない**んです。あったら教えてください。全財産をなげうってでも買いますよ、わたしが。そんなものがあれば、誰でも簡単に億万長者になれるでしょう。ノーベル賞だって取れるかもしれませんし、世の中から赤字会社や倒産なんて消えてなくなります。

では何が必要なんでしょうか？　それは、**多種多様な武器**なんです。ゴルフをやっている方ならおわかりでしょうが、飛ばしたいとき、正確性がほしいとき、グリーンの上、など全てクラブが違います。全ての状況に対応できる万能クラブなんてありません（これもあったら教えてください。あんな重いゴルフバッグを持ち歩かなくて済む、世紀の大発明です）。

この本では、「売るためのさまざまな武器」を、いろいろな業界のサービスや商品を例にトレーニングとして紹介していきます。各トレーニングは、読者の方の状況に当てはめて考えられるよう工夫しました。たとえあなたがどんなモノやサービスを売っているとしても、1／3以上の事例は応用できるようになっています。

さあ、これから売り上げを伸ばす秘訣を大公開します!!

"マーケティング脳"を鍛える
バカ売れトレーニング
もくじ

原則3 リピート購買を増やす

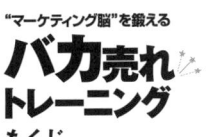

原則4　商品単価を上げる

原則5　売り上げ点数を増やす

■装丁・本文デザイン／藤瀬和敏(NOAH'S)　■イラスト／キモトアユミ

無料コンサルティングについて

本書をお買いあげの方に限り、著者によるメール無料コンサルティングが1回受けられます。「売り上げが伸びない」、「自分の場合どう応用したらいいのかわからない」など、商売に関するお悩みをお持ちの方はぜひご利用ください。MBAホルダー&中小企業診断士として大小さまざまな会社のコンサルティングを手がけてきた著者が、メールでのアドバイスを提供します。

下記の専用サイトに、IDとパスワードを入力してアクセスしてください。フォームに必要事項を記入していただければ、2週間以内をめどに回答を返信します。原則として返信は1回限り。なるべく具体的な状況をお書きいただければ、より的確なアドバイスが期待できます。

なお、無料コンサルティングの期間は2005年3月末日までとさせていただきます。

アクセスURL	http://www.mpara.com/advice.htm
ユーザーID（半角英数字）	URETAMA
パスワード（半角英数字）	21185201131

※アドバイスによってもたらされる結果や損害については、責任を負いかねます。ご自分の状況をよく考え、自己責任でアドバイスを実行してください。

前説

売り上げ倍増のための5原則

「マーケティング脳」とは？

本書のタイトルにある「マーケティング脳」って、一体なんだと思いますか？　聞き慣れない言葉ですよね。そりゃそうでしょう。ここで使われるのがおそらく日本初ですから。これは、**世の中にあるさまざまな商品やサービスを、マーケティング的に考えられる思考回路**のこと。これを持っていれば、売り上げが伸びない逆境でもあわてずあせらず、ビジネスのマーケティング課題に対して正しい対策を立てられるようになるのです。

「マーケティング脳」を手に入れるために必要なのは、この本とあなたの脳、そして身の回りにあるものだけ。次章から始まる各トレーニングを通じて、自分のビジネスにどう応用できるかを考えれば、あなたにはいつの間にかマーケティング的発想が身に付いていることでしょう。

え？　もっと具体的に話してほしい？　わかりました。あなたの脳が論理・構造性を司る左脳と、創造性・応用力を司る右脳からできているように、マーケティング脳も二つの要素から構成されています。その二つとは、「分解力」と「適用力」です。

分解力と適用力

分解力とは、あなたのマーケティング課題が、後述する売り上げ向上のための5原則のうち、どこに問題があるのかを把握する能力です。これは、左脳的・論理的な力。論理力といっても、その5原則について理解していただければ十分です。

もう一つの適用力とは、他業種の成功例をマネして、自分のビジネスに応用する能力のことです。

ここで問題です。「スーパーマーケットと回転ずしの共通点は？」。

「どちらも安い」。実際そうかもしれませんがハズレです。

「どちらも商品が並んでいる」。うん、近いです。

「どちらも手で商品を取る」。おお！　そういうことです。

スーパーマーケットができるまでは、お客様はカウンターでお店の人に商品をとってもらっていました。今でも、薬局などではそういうところがありますね。それを、お客様が自分で商品を手にとって選べるようにしたのがスーパーマーケット。

そして、それまでカウンターで握ってもらっていたのを、お客様が手にとって選べるようにしたのが回転ずしです。そう、問題の答えは「セルフサービス」。スーパーマーケットも回転ずしも、それまでの「注文式」から、自分で選ぶセルフサービスにしたのです。**業種や業態が全く違っても、スーパーマーケットと回転寿司のビジネスモデルは同じ。**それを見抜く力、それが適用力です。回転ずしができるはるか前からスーパーマーケットはありましたが、それを自分の商売に応用できた寿司屋さんはいなかったのですね。

他人のビジネスを応用するにあたって、**「これはわたしのビジネスには関係ない」という言葉は禁句**です。最初からそう考えていたら、スーパーマーケットがすし屋に応用できることに気づかないでしょう。革新的なビジネスモデルというものは、だいたいが最初は笑われるものです。回転ずしも、当初はここまで流行るとは誰も思わなかったでしょう。でも、決して奇抜な方法ではなく、スーパーマーケットで実証済みの方法だからこそ、ここまで成功したのです。あなたも、とりあえずは「使えないかな?」くらいに考えてみて下さい。

このように、他業種で成功している手法を自分のビジネスに応用すると、成功の確率が高まります。他業種ですでに成功しているうえに、成功、失敗例がすでに蓄積されているからです。**賢者は他人の経験から学ぶ**。これが適用力です。

そして、**他業種の成功例の原理原則を自分のビジネスに適用する力**は、「マーケティング脳」の非常に重要な部分です。

この本では、26のトレーニングを通じて、あなたの「マーケティング脳」を鍛え上げます。そして、「マーケティング脳」を鍛えるためのトレーニングは、本書を読むだけでは終わりません。世の中にあふれる商品そのものや広告、ディスプレイなど、すべてはマーケティング的センスを磨くトレーニングの題材となります。そして、「売るための仕掛け」は街のあちこちにあることに気づくでしょう。

この本の使い方

会社の収益を向上させる方法はたくさんあります。営業力を強化したり、販売促進をかけたり、コストダウンを図ったり…。しかしこれらは、会社の組織面から見た、一面的なテクニックにすぎません。前述したように、会社の生命線ともいえるのは「売り上げ」。したがって、会社を伸ばすには、まず売り上げという観点から考える必要があります。

「売り上げを伸ばす方法」なんてそれこそ星の数ほどあるように思われますが、実はそれらはすべてこのあと説明する5つの原則に集約されます。言い換えると、**売り上げを伸ばす方法は5つしかない**のです。

この章では、その5原則について、あなたの会社に欠けている、または必要だと思えるものを考えてみてください。もちろんそれは一つだけではなく、場合によってはすべての原則について見直す必要があるかもしれません。

それがわかったら、各原則を実現するためのトレーニングに進んでください。トレーニングといっても、別に問題を出しているわけではありません。各ネタを読み、「分解力」と「適用力」を駆使して自分の頭で考えることがトレーニングなのです。あなたがどんな商品やサービスを売っているとしても、応用できる武器がきっと見つかるはずです。

事例編では、実際に成功している会社にインタビューしてその成功法則を聞き出しています。読んでいくと、成功している会社ではトレーニングで取り上げた手法をうまく組み合わせて実践していることがわかります。逆にいうと、これらの方法を取り入れることができれば、売り上げ向上への道は大きく開けてくるのです。武器はわかったものの、それを自分の商売にどう応用していいのかいわからない、という方はここを参考にしてみてください。

本書の最終的な目標は、アナタのビジネスにもっとも適したオリジナルの仕掛けを、あなた自身が考えつくようになること。それはなにも特別な発想が必要なのではなく、つねに「マーケティング脳」を鍛え、いろいろな方法を試してみることで可能になります。

その発想を実践して、会社の売り上げをグンと伸ばしてください。

自己紹介

と、ここまで読まれた方は「そんなことを言うあなたは、いったい誰なの？」と思うかもしれませんね。簡単に経歴を紹介しておきましょう。

現在わたしは、ラップコリンズという外資系のマーケティング・コンサルティングエージェンシーで、マーケティングコンサルタントをしています。一般消費者向けのいわゆるBtoCはもちろん、法人対象のBtoBマーケティングも手がけています。仕事のベースになっているのは、世界トップランクのペンシルバニア大ウォートン校のＭＢＡ。専攻はマーケティングと経営戦略で、2年間徹底的に理論を学んでMBAを取得しました。

そう聞くと、「ああ、頭でっかちのコンサルタントね」と思われるかもしれません。実際、コンサルタントはよくいえば戦略的な、悪くいえば机上の論理を語ってしまいがちです。

しかし、わたしは留学以前にドブ板的な営業など、実際に売る側の経験もしています。

大学を卒業した後、当時「就職したい企業ランキング」1位のNTTに入社しましたが、そのイメージとは裏腹に、作業着で1件1件電話機の訪問販売をしたり、電話サービス（電話回線やキャッチホンなど）の営業をしていました。電話帳広告の飛び込み営業をしていたこともあります。アポなし突撃訪問ですから、断られるのが当たり前で、話を聞いてくれればいい方です。数百件訪問して話を聞いてくれるのはほんの数件。ほとんど売れないんです…。足が棒のようになり、公園で悔し涙にくれたこともあります。

でも、同じ地域を営業しているのに、売りまくっている先輩社員もいるわけです。「何が違うんだろう…?」。その違いが、「マーケティング」だったのです。意識的か無意識かはともかく、売っている人は、マーケティングの手法をうまく営業に応用していたんですね。そのときはまだマーケティングについてほとんどわかっていませんでしたが、見よう見まねで工夫していき、何とか結果が出せるようになりました。

その後、NTTの子会社などでコンサルティングやマーケティングの現場を経験するうちに、「もっと体系的に勉強したい！」と思い、米国留学を決意したわけです。

ＭＢＡ取得後は、実際の商品のマーケティングを行いました。担当ブランドの責任者としてＭＢＡで学んだことを実践したのに、ほとんど売れずに会社に大損害を与えたこともあれば、１年で10億円売ったヒット商品を出したこともあります。

この時期には、理論に経験の肉付きがついていき、メキメキと成長していくのが自分でもわかりました。やっぱり、理論と経験の両方が大事なんです。もう一つわかったのは、本当に理解していれば、平易な言葉で語れるということ。ＭＢＡ取得直後は難しい専門用語を振りかざしていましたが、それは本当にマーケティングを理解していなかったからなんですね。経験を積むにしたがって、普通の言葉で、自分の言葉でマーケティングを語れるようになりました。この本も、高度な理論を易しく解説しています。

また、１コ１００円のガムから1台数億円の生産機械メーカーまで、さまざまな規模、業種のコンサルティングを経験していることもわたしの強みといえるでしょう。留学からの帰国後は、中小企業診断士の資格も取りました。さまざまな業種・業態の企業に対するマーケティング経験は、コンサルタントとして他業種での経験を提供できるという付加価値にもなっています。

売り上げのキホン

さて、売り上げ向上のための5原則を紹介する前に、基本的な売り上げの構造を考えてみましょう。

仮にある店のお客様が千人いて（客数）、年間にひとり1万円ずつ買ってくれる（客単価）とすると、売り上げは年間で1千万円ですね。つまり、

売り上げ＝客数×客単価

ということになります。売り上げを伸ばすには、この「客数」と「客単価」のどちらか（あるいは両方）を増やすしかありません（同じお客様が何回も購買するという場合は、客数に含めることにします）。

この客数と客単価のそれぞれについて、さらに細かく考えていくと5原則が導き出されるのです。

水漏れの穴をふさぐ

それでは、もう少し細かくみていきましょう。新規顧客を取ってくれれば、売り上げが増えるのは当然ですね。これを5原則の一番目、**原則1 新しいお客様を増やす**とします。

しかし同時に考えなくてはならないのが、逃げていくお客様、つまり流出顧客です。バケツに水を貯めているという状況を考えてみてください。バケツに穴が空いていたら水を汲むそばから漏れていってしまいますね。それと同じで、いくら新規顧客を取っても既存の顧客がそれと同じかそれ以上に流出していたら、お客様はいつまでたっても増えないのです。

わたしがまだ社会人になって間もないころ、ある企業のマーケティングのお手伝いをしていたことがあります。その会社ではある機械をお客様に導入して、機械の毎月の使用料で稼いでいました。わたしはその会社の営業さんに同行して、新規顧客を開拓しようと駆け回っていたのです。あるお客様を何十回も訪問して、ついに口説き落として受注することができました！

しかし、営業さんと二人で大喜びして会社に戻ってきたところ、そこには別のお客様から解約のファックスが…。夜討ち朝駆けでせっかく契約を取ってきたのに、結局お客様は増えなかったのです。今から思えば、新規顧客の獲得にばかり力を入れて、既存顧客に対するケアをおろそかにするという典型的な例だったんですね。

わたしの経験では、もちろん業種や業態によって違いますが、1年で2～3割の顧客が入れ替わるのが普通。そして、3年もすれば半分以上の顧客が入れ替わっているはずです。もしあなたが顧客データベースを持っているなら、一度分析してみることをオススメします。データ解析のプロに頼んでもいいですが、数万件程度までのデータであればExcelやAccessでも可能です。

「入れ替わる」ということは、お客様が流出しているということです。流出していなければ、新規顧客をとり続けている限りお客様は無限に増えていくはず。ですから、**お客様が逃げていくのを防ぐ、減らすだけで、利益が劇的に増加する場合がある**のです。

お客様の数＝新しいお客様－逃げていくお客様

⬅

お客様を増やす＝新しいお客様を増やす＋お客様が逃げていくのを防ぐ

ということなのです。

ここから、二つの目の**原則2** **今いるお客様を逃がさない**が導かれます。

リピートを増やすことが売り上げアップの近道

「客数」を伸ばす方法はもう一つあります。お客様に、もっと頻繁に商品を買っていただけばよいのです。リピートを増やす、ということですね。これを**原則3** **リピート購買を増やす**とします。厳密には客数そのものは増えませんが、のべ客数が増えるということです。

新規顧客の獲得に比べて、既存顧客のリピートを増やすことはそれほど難しくありません。なぜなら、すでに一度買っていただいているお客様には、商品やサービスに対する信頼感があります。新規に購入する場合よりも、購入に対する抵抗感はグッと少ないでしょう。

また、もし電話番号や住所などがわかる顧客のデータベースを持っていれば、あなたはそのお客様がどんな人でどこにいるかを知っています。その人たちに直接アプローチして、重要顧客として囲い込めばよいのです。

以前、ある大手メーカーのガムをマーケティングをしていたときのこと。その会社のガムは多くのヘビーユーザーを獲得していて、その人たちは週に3パック、またはそれ以上のガムを買ってくれていました。

そこにライバル商品が登場して、調査によると3パックのうちの1パックがライバル商品に奪われてしまいました。まだ週に2パックも買っていただいているわけですから、まだヘビーユーザーだといえないこともありません。しかし、以前からみると売り上げの1／3を失ったことになります。この影響は甚大でした。

美容院の場合を考えてみましょう。現状で**2カ月に一度来てもらっているところを、1カ月に一度来てもらえるようになれば、それだけで売り上げは2倍**になります。逆に、毎月来てくれていたお客様が2カ月に一度しか来なくなったら、売り上げは半分に減ってしまいます。

お客様は前回いつ美容院に行ったかなんて、ハッキリとは覚えていないもの。1カ月たったらキャンペーンのお知らせなどをしてあげれば、すぐに来てくれて売り上げが2倍になるかもしれません。

したがって、お客様の数を増やすというのは、何も一番大変な新規顧客を取ってくることばかりではありません。お客様が流出しているのを防いだり、既存顧客のリピートを増やすのも重要な手段で、普通はそちらの方が数倍効率がいいのです。
まとめると、顧客数を増やすには、以下の3つしか方法がないことになります。

顧客数を増やす3つの原則
原則1 新しいお客様を増やす
原則2 今いるお客様を逃がさない
原則3 リピート購買を増やす

客単価を構成する二つの要素

さて、売り上げを構成する要素のうち、もう一つは客単価でしたね。

売り上げ＝客数×客単価

お客様の購入単価は、商品1点当たりの価格と売り上げ点数によります。例えば100円のリンゴを2個買った場合には、100円×2個で200円。つまり、

客単価＝商品一点当たりの価格×売り上げ点数

となります。したがって、この二つの要素についてそれぞれの数値を向上させることが、売り上げ増加につながるのです。

では、客単価を上げるにはどうすればよいのでしょうか？　このご時勢では、商品を値上げすることはなかなかできません。しかし、高価格商品を売る、付加価値をつけて売るなどの努力をすれば、商品一点当たりの価格を上げることができるのです。これは**原則4 商品単価を上げる**となります。

100円のリンゴを売るだけでなく、無農薬のリンゴを130円で売ることができれば売り上げは30％アップします。また、リンゴではなく800円のメロンが売れれば、売り上げは一気に8倍です。

もう一つの方法は、売り上げ点数を増やすこと。リンゴを1個ではなく、2個、3個と

買ってもらえれば、単純に言って売り上げは2倍、3倍となります。または、リンゴだけでなくバナナやみかんも併せて買ってもらえれば、どんどん売り上げは増えていきますね。**お客様には何を売ってもいいんです。**ドトールやスターバックスなどのコーヒーショップでは、コーヒーが飲めるだけでなくコーヒー豆やコーヒーメーカーも売ってますが、もしかしたら浄水器や水温計も売れるかもしれません。コーヒーが好きな人は水のおいしさやコーヒーを淹れる温度にもこだわるでしょうから。

仕事を長く続けていると、どうしても固定概念にとらわれがち。でも「マーケティング脳」を鍛えれば、今売っているもの以外にどんなものが売れるのかわかるようになります。

わたしはいつも同じ美容院に通っていますが、パーマもしなければ色も染めないカットだけの客なので、客単価は5千円くらいでした。ある時、頭皮のマッサージをするサービスを勧められやってみたところ、非常に気持ちがよかったのでそれ以来必ずしてもらっています。

カットと頭皮マッサージが別の商品だとすると、売り上げ点数は確かに増えています。このサービスは3千円なので、カットだけのときより客単価が60%も上がっていることになりますね。そう、最後の原則は**原則5 売り上げ点数を増やす**です。

以上をまとめると、**客単価を上げるには、もっと高いものを買ってもらうか、もっとたくさんの商品を買ってもらうかの二つしかありません。**

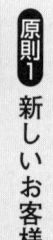

すべての売り上げ向上策は5原則に集約される

さあ、これで売り上げを伸ばす5原則がそろいました。

売り上げ向上の5原則

- 原則1 新しいお客様を増やす
- 原則2 今いるお客様を逃がさない
- 原則3 リピート購買を増やす
- 原則4 商品単価を上げる
- 原則5 売り上げ点数を増やす

いかがでしょう? 意外とたくさんあると思いませんか? 売り上げを伸ばすというと、新規顧客をたくさんとってくることをまず思いつくでしょうが、実際にはそれは数ある手段の一部分にすぎないのです。あなたがこれまでやってこなかったことを今後一つでもやってみれば、それだけで大きな変化が生まれるかもしれません。

売り上げを伸ばす方法は、この5つしかないのです。どんなに素晴らしい理論やアイデアも、この5つのどれかにつながらなければ、絶対に売り上げは伸びません。学者や著名なコンサルタントが何と言おうと、絶対に、絶対に、すべての販売促進策はこの5つのどれかにつながります。絶対かって？　はい、「絶対」です。売り上げを分解すると、この5つしか論理的にありえないのです。

例えばTVコマーシャル。今までその商品を知らなかった人に商品の存在を伝えて買ってもらうのは、**原則1 新しいお客様を増やす**ということです。また、スーパーがチラシをまくのも、本当は今日行くつもりのなかったお客様をバーゲン商品で釣るためなので、**原則3 リピート購買を増やす**につながります。

5つの原則のメリット

この原則に沿って商売を考えることには、非常に大きなメリットがあります。まず、**視野が広がる**ということ。

わたしにも経験がありますが、売り上げが落ちてくるとついつい気分まで落ち込んでしまいます。するとなぜか視野が狭くなってきて、一つの小さなことしか考えられなくなるのです。そんなときに、この5原則は「売り上げを伸ばす方法なんていくらでもある」と気づかせてくれます。

また、**売り上げに直結する施策に集中できる**ということも、重要なメリットです。この5つの原則につながらないことは、何をやっても売り上げ増にはつながりません。これにこだわり続けることで、「売り上げに直結する施策」に意識を集中することができます。

わたしはよくスキーをするのですが、そこでよく言われるのが「スキーは視線が向いている方向に進んでいくので、視線をコントロールするように」ということ。不思議なことに、**ある方向に顔が向いていると、身体もそちらに進んでいく**んですね。それと同じで、人間は自分が向いている方向に進むので、方向性を意識することは非常に大切なのです。

最初に述べたように、経営において一番重要なのは売り上げを伸ばすこと。ということは、この5原則に向けて社員の意識を引っ張り続けていくことが、経営者の役割でもあります。そして社員の役割は、自分のやっていることがこの5原則にどのように影響を与えていくのか、常に考えること。それを意識していると、行動もそちらに向いていきます。

5つの原則を数値化しよう

この5つの原則には売り上げに関するすべての要素が入っているので、一つ一つ順番に対策を考えていけば、それでマーケティング戦略としてはモレがないということになります。さらに、自分のビジネスはいま何が問題なのか、という課題を抽出する指針としても使えます。

売り上げを効率的に伸ばすには、売り上げ向上策がこれらの原則のうちどれに効果があるのかを考え、試していくことが必要。しかし、多くの人はこの5原則に関するデータを持っていないと思われます。もし、各項目ごとに指標を毎月測定しているという会社があれば、その点については自慢していいでしょう。していなければ、まずあなたのビジネスの現状について数字で測定しましょう。それによって、次の二つの効果があります。

まず、**どこに問題があるかがわかる**ということ。感覚だけでは何となくしかわからなかった問題が、実際に数字で見れば発見できるかもしれません。自分の予測とは違うという場合もあれば、自分が思っていたことが再確認される場合もあるでしょう。

もう一つは、**効果測定ができる**ということ。何か販売促進策を試してみたときに、それ以前のデータをもっていなければ効果を測ることはできません。

では、いったい何をどうやって測ればよいのでしょうか？

データをどこから取得するか

あなたが準備しておくべきデータには、各5原則について以下のようなものがあります。これはあくまでも例なので、自分のビジネスではどのようになるか考えてみてください。

原則1 新しいお客様を増やす

⬅

月間・年間来店者数

月間・年間問い合わせ数

新規契約者数

原則2 今いるお客様を逃がさない
↓
契約解除者数
前回の購入から間隔が空いているお客様の数
去年買ってくれたのに今年は買ってくれないお客様の数

原則3 リピート購買を増やす
↓
顧客別年間購買回数（各お客様が1年間に買ってくれる回数）
平均購買頻度（全顧客を平均して1年間に買ってくれる回数）

原則4 商品単価を上げる
↓
顧客別購買単価（お客様一人当たりの購買単価）
一購買あたり平均購買単価

原則5 売り上げ点数を増やす
⬅
顧客別一購買当たり商品点数
一購買当たり平均商品点数

これらすべてのデータを測定するのが難しければ、とりあえずできることからでもかまいません。例えば、もしあなたが小売店を経営しているなら、レジの情報からかなりのことがわかります。

- **1日あたりのレジを通ったお客様の数→原則1と原則2のデータ**
- **レジを通った商品情報→原則4と原則5のデータ**

さらに、もしあなたのお店でポイントカードを導入していれば、原則1から原則5まですべてのデータが取れます。また、法人向けのビジネスでは請求書を発行しているはずなので、ここにもすべての情報が記載されているはずです。

あなたの商売、どこが問題ですか？

もし、このような数値化をするのがめんどうだったりデータがとれないということであれば、とりあえずの策として、以下の項目から自分の商売にあてはまるものを考えてみて下さい。そして、該当する原則について対策を立てましょう。

- リピーターしか来客しない
- 常連客だけで売り上げが成り立っている（それ自体は悪いことではありません）
- お客様が高齢化して若いお客様が少ない

原則1 ⬅ 新しいお客様を増やす

- 新しいお客様をとっているのにお客様の数が増えない
- よく来てくれていたお客様が最近はあまり来てくれない

原則2 今いるお客様を逃がさない

↑

・お客様が常連になってくれない
・来店してもたまにしか買ってくれない

原則3 リピート購買を増やす

↑

・お客様が安い商品ばかり選んで買っている
・他店と価格競争に陥っている
・お客様からよく値引き要求を受ける

原則4 商品単価を上げる

↑

・商品を1個ずつしか買ってくれない
・買ってはくれるが、一回当たりの買上点数が少ない
⬅
原則5 売り上げ点数を増やす

「ウチの問題はこれだ！」とはなかなか言い切れないと思いますが、それが普通です。通常、この5原則のいくつかの問題が同時に起こっているからです。

売り上げ倍増を達成するには

売り上げを2倍に増やすというと、とてつもなく困難なことのように思えます。ところが、前出の5原則それぞれについて同時に対策をたてて効果をあげることができれば、**結果は複利で効いてきます。**

例えば、**原則1 新しいお客様を増やす、原則3 リピート購買を増やす、原則4 商品単**

価を上げるのそれぞれについて、25%増加または向上させることができたとたとしましょう。それを式で表すと、

1・25倍×1・25倍×1・25倍＝1・95倍

となり、売り上げは約2倍に増えるのです。この5つの原則を数値化し、それぞれについて試してみるというのが、売り上げを伸ばしていく王道なんです。

さあ、次は各原則を実現して売り上げを倍増させるための、さまざまな武器を紹介していきます。いよいよ本編のはじまりはじまり～。

バカ売れトレーニング 体系図

売り上げバケツ

原則 1 新しいお客様を増やす

トレーニング
- 01 機能的ベネフィット
- 02 捨てるターゲティング
- 03 サンプリング
- 04 共同所有による購買障壁の低減
- 05 アフィニティマーケティング
- 06 不安によるニーズの創造
- 07 顧客カスケードマーケティング

原則 3 リピート購買を増やす

トレーニング
- 13 用途提案による需要創造
- 14 計画的陳腐化
- 15 イベントマーケティング
- 16 単位当たり消費量の拡大
- 17 残量通知による買い換え促進
- 18 マスカスタマイゼーション

原則 4 商品単価を上げる

トレーニング
- 19 感情的ベネフィット
- 20 プライスゾーンの引き上げ
- 21 免罪符マーケティング
- 22 価値ギャップの利用

原則 5 売り上げ点数を増やす

トレーニング
- 23 クロスセル
- 24 後工程マーケティング
- 25 オケージョン・バンドリング
- 26 売れる商品と売りたい商品

原則 2 今いるお客様を逃がさない

トレーニング
- 08 継続的改善による顧客維持
- 09 機器設置マーケティング
- 10 顧客交流マーケティング
- 11 人質マーケティング
- 12 コミットメントマーケティング

“マーケティング脳”を鍛える
バカ売れトレーニング

原則 1

新しいお客様を増やす

「新しいお客様を増やす」ために

新しいお客様を増やす手法はさまざまです。伝統的なマーケティングの教科書ではポジショニングなどを習いますが、基本的に一番大事なことは、ターゲットを決めること。もちろんそれに当たっては、あなたの会社の強みや弱み、企業戦略などがからんできます。ここでは、まずおさえておかなければならない基本的な手法として、ターゲティングとベネフィットを取り上げました。「誰に売るのか」というターゲティングと、「何を売るのか」というベネフィット。この二つさえおさえておけば、マーケティングの基礎としてとりあえずは問題ないでしょう。

新しいお客様を増やすことは、どんな会社でも多かれ少なかれやっているので、それなりのノウハウが蓄積されているはずです。しかし、その業種で昔からやっている手法を、そのまま続けている場合が多いのではないでしょうか。

ここでは、あなたの会社に革新をもたらすかもしれない、効率的な手法を紹介します。これらの手法は、その業種にとっては当たり前のことですが、それがもしあなたの業種・会社で行われていなければ、とても大きなチャンスです。業界に名を残す、革新的な手法になるかもしれません。

トレーニング
01

白さが売りです「ブルーダイヤ」

～機能的ベネフィット～

原則1
新しいお客様を増やす

欲しいのは洗剤ではなく、白さ

ライオンのロングセラー家庭用洗剤「ブルーダイヤ」。「うれしい白です、ブルーダイヤ～♪」というコピーが印象的だったCMは、わたし（30代）が子どものころによく流れていました。「金銀パールプレゼント♪」というメッセージとともに、覚えている方も多いのではないでしょうか。

このコピー、核心を突いています。お客様が欲しいのは、洗剤自体ではなく真っ白くキレイになった洗濯物。当たり前といえば当たり前ですが、よく忘れがちなことです。

マーケティング業界でよく引用される言葉に、「顧客はドリルを買うのではなく、（ドリルによって開けられる）穴を買うのだ」というものがあります。

つまり、**消費者が欲しいのは商品そのものではなく、その商品がもたらす何かよいこと（価値）**なのです。それを、マーケティング用語では「**ベネフィット（Benefit）**」といいます。日本語では「便益」と訳されたりもしますが、広告代理店などのマーケティング業界ではベネフィットのほうが通用するでしょう。

そして、商品がもたらす直接の利益（洗剤なら洋服を白くすること）を、「機能的ベネフィット」といいます。「じゃあそれ以外にもベネフィットがあるの?」と思った方、鋭いです。もうひとつ、「感情的ベネフィット」というのもあります（トレーニング19参照）。

早弁うまい!?

機能的ベネフィットは、大きく4つに分けられます。

❶早い（は）＝スピード
❷安い（や）＝価格
❸便利（べん）＝使いやすさ、入手しやすさ
❹うまい＝品質

この4つの頭文字をとって、わたしは「はやべんうまい（早弁うまい）」と呼んでいます。覚えやすいでしょ?　基本的な機能で他社の製品と差別化しようとするときには、この4つのどこで差別化するかを考えましょう。

ポイントは、**4つすべてで長期的に勝つことは不可能**だということ。短期的には、ひと昔前の日本の家電商品のように世界で圧倒的な競争力を持つことも可能ですが、通常の商売では「はやべんうまい」のすべてで長期的な圧勝というのはありえません。

例えば、スピードと品質で勝負すると価格競争力が弱くなります。逆に価格で勝負すると、高い品質を提供するのは不可能です。これでは長期的な戦いはできません。

この4つのどこにポイントを置くかということは、戦略上非常に重要な決定なのです。

ポイント　他社と差別化するときには、ポイントを絞る

難しい「お客様本位」の実現

よく「性能30%アップ！」なんていうCMを見かけますが、どんな新技術によってその性能アップを実現しようと、ハッキリいってお客様にはどうでもいいのです。**お客様が本当に欲しているのは、その性能アップによってもたらされる「何かよいこと」**なのです。

例えば、30%時間が節約できて、その時間を他のことに使えるのがベネフィットです。

ベネフィットを売る、というのはある意味当たり前ですが、これがなかなか実践できないのです。ある調査によると、人間の考えることは97%が自分に関することだとか。そのため「売りたい」という気持ちが先行して、「それがお客様にどう役立つか」という視点が欠けてしまいがちです。他人の立場に立つということは、非常に難しいのです。

顧客心理　お客様は、自分にとっての価値にしか興味がない

あなたの商品の、お客様にとっての価値をもう一度考えてみよう！

マクドナルドが自社のベネフィットを、「お店で早く安く食べられること」だと考えているとすると、ハンバーガーチェーンだけでなく、牛丼チェーンや立ち食いそば屋も競合になります。もし「早く安く食べられること」ならば、競合はコンビニエンスストアまで広がります。競争相手が違えば、戦略（商品、価格、広告など）も当然違ってきますよね。

お客様の頭の中に業界の垣根はありません。「店頭で早く安く食べられる」というニーズが満たされれば、ハンバーガーであろうと牛丼であろうと、みんな競合なのです。

競争相手を正しく定義しなければ、どんな戦略を立ててもお客様から見て的はずれになってしまう可能性があります。

実践

お客様がなぜ買ってくれるのかを考え直してみよう

あなたは何を売っているのか？

自分に、知人に、そしてお客様に、「なぜ当社の製品を買ってくれているのですか？」と質問してみてください。いろいろな答えが見つかるはずです。もしあなたがレストランを経営していれば、返答は「おいしいから」というものが多いでしょう。

そこで、さらに突っ込んで「おいしい店なら他にもあるのに、それでも当店に来ていただける理由は何ですか？」と聞いてみます。その答えが「大事なお客様を連れてきても安心だから」だとすれば、ベネフィットは「安心して大事な人と食事ができる」ということですね。その視点でもう一度接客、料理、広告、メニューなどを見直すと、今まで気づかなかった戦略が発見できるかもしれません。

わたしはよくチョコレートを食べますが、カフェインと糖分を補給して頭のはたらきをよくするためです（もちろん甘いものが好きだということもありますが）。メーカーはもちろんそうした効用を知っているでしょうが、それを目的に買う人がいるとは思っていなかったかもしれません。お客様に質問することによって、「仕事の能率を上げる、脳の栄養補給用チョコレート」という新たな市場を見つけられるかもしれないのです。

このテクニックは、どんな商品やサービスにも使えます。ベネフィットがない商品やサービスなど、そもそも誰も買わないですから…。

「ジャパネットたかた」快進撃の理由

テレビ通販大手の「ジャパネットたかた」で新しい商品を売り始めるときには、まず社員が実際に商品を使ってみるそうです。そしてその商品がどのように役立つのかを考え、視聴者にわかりやすく説明して需要を喚起する、というやり方をしています。

例えば、音声をテープなしで録音できるＩＣレコーダー。メーカーは、会社の会議を録音するという使い方を想定していました。しかし、「ジャパネットたかた」の社員がいろいろと使ってみたところ、「帰りが遅い親が子供にメッセージを吹き込んでおく」という使い方を発見しました。また高田社長自身は、自分の考えを記録するメモ帳代わりに使ったそうです。これらは、ＩＣレコーダーのもっている機能的ベネフィットのうちの一つ。「家族のコミュニケーションツール」という使い方であれば、ユーザー層はグッと広がるでしょう。

「30分録音できるＩＣレコーダー!」

というキャッチコピーと、

「家族や親しい人と、メッセージを交換できます！」

では、どちらが魅力的な商品ですか？

くどいようですが、消費者はＩＣレコーダーではなく、「録音によってできる何かよいこと」が欲しいのです。ＩＣレコーダーを開発したメーカーでは、このような家族のコミュニケーションというベネフィットを考えられませんでした。理由はいろいろあるにしても、**顧客の立場に立ってベネフィットを探し出すことは意外に難しい**のです。

となりのシャチョーさん　《賃貸オフィスビルの場合》

あるオフィスビルのオーナー社長が、たまたま一緒にランチをとっていた営業部長に話しかけました。

社長　なあ、オフィスの機能的ベネフィットって何だろう？

部長　え？　何ですか突然。

社長　お客様が欲しいのはドリルじゃなく、穴なんだってさ。いわれてみればもっともだけど。

部長　なるほど。でもウチはオフィスを貸してるだけだから、あんまり関係ないんじゃないですか？

社長　そんなわけないだろ。ベネフィットがなかったら、誰もオフィスなんか借りないんだ。テナントさんは、なんでウチのビルを借りてくれているんだろう？

部長　サトウ商事さんからは、「駅から近いし、トイレとかの設備もいいから社員が喜ぶ」ってよくおっしゃっていただきますけど。

社長　そうか！

部長　はい!?

社長　ウチはオフィスを貸しているんじゃなくて、テナントに入っている社員の満足を売ってるんだよ！

部長　なるほど、それがベネフィットなんですね。ウチではいつも「設備の整ったビルです」というセールスをしていますが、テナントさんが欲しいのは「よい設備」じゃなくて、「社員の快適さ」ということか。

社長　そうそう。もっといえば、その快適さから得られる、社員の高い生産性を売ってるんだよ。
部長　じゃあ、「駅から近い」っていうのは、「社員は楽に通勤できて、取引先の方も訪問しやすい」ってアピールしたほうがいいですね。
社長　さっそく新しい営業トーク集を作って、社員の教育を徹底しよう！
部長　はい！　テナントさんにも、なぜうちのビルを選んでいただいたのか、あらためて聞いてみます。新たな発見もあるかもしれませんから！

さらにひと工夫

機能的ベネフィットは、マーケティングのコンセプトうちでも最重要なものの一つですが、意外と忘れてしまいがちです。通勤の途中などに目についた商品の広告から、「この商品のベネフィットは何だろう？　この広告はきちんとベネフィットを伝えているか？」と考えてみましょう。電車の中でもマーケティングの練習ができますよ。

トレーニング
02

優良顧客を選別できる「口座維持手数料」
～捨てるターゲティング～

原則1
新しいお客様を増やす

自社の顧客を明確にする

外資系銀行のシティバンクでは、月間平均残高が20万円以下だと月々2100円の口座維持手数料を支払う必要があります（2004年3月現在）。最近、日本の銀行でも同じような制度を導入しているところがあるようです。これでは誰も使わないのではと感じるかもしれませんが、「ターゲティング」という観点からは、非常に合理的なシステムなのです。

ターゲット顧客を決めてそこを狙おうというターゲティングは、マーケティングの教科書などでは普通にいわれています。しかし、シティバンクはこの考えから一歩踏み込んで、**不要な顧客を意図的に排除している**のです。シティバンクのターゲットは富裕層。低額預金者からは口座維持手数料を取ることにすれば、それを嫌う顧客は寄りつきません。

なぜそのようなことをしているのかというと、無駄なコストが抑えられ、狙ったターゲットに集中できるというメリットがあるからです。銀行の場合、口座があるだけで顧客管理費用が発生します。顧客データの維持、最低限必要なお知らせ（支店の統廃合や住所変更）の発送費用などです。

また、不要な顧客を抱えているということは、**社内資源の浪費**でもあります。顧客対応には人手が必要ですが、ターゲット以外の顧客に時間を取られていると、狙っている顧客への対応が手薄になります。営業マンという限られた資源を、不要な顧客で浪費しないようにしているのです。窓口でも、不要な顧客に対応する間に必要な顧客を待たせてしまうかもしれません。

ここで言いたいのは、富裕層をターゲットにすべきだということではなく、**自分の「欲しいターゲット」に集中しよう**ということです。

ポイント **不要な顧客を明確にして、欲しい顧客を引きつけよう！**

ターゲティングとは、捨てることと見つけたり

二兎を追うものは一兎をも得られません。これをゲーム理論的に考えてみましょう。

わたしはディベートのエキスパートでもあるのですが、ディベートに関する本を出版するとします。想定読者は社会人と学生として、なるべくたくさん売りたいと考え、

「ディベート学習法」

という、ターゲットを広くとったタイトルにしました。

　ところが、同時に別の出版社からもディベートに関する本が2冊出ました。

「学生のためのディベート学習法」

「社会人のためのディベート学習法」

　ディベート関連の読者が学生と社会人しかいないとすると、学生はわたしの「ディベート学習法」ではなく「学生のためのディベート学習法」を選びます。そして社会人は、「社会人のためのディベート学習法」を選ぶでしょう。

　学生と社会人の両方を狙ったわたしの「ディベート学習法」は、結局**どちらにも売れない**のです。

顧客心理　**お客様は、自分に最も適応している商品を選択する**

背景をぼかす写真の技法

　人物写真を撮るときは、人物を浮き立たせるために背景をぼかします。これと同じで、不要な顧客を明確にすると、欲しい顧客が見えてきてそれがお客様にも伝わるのです。高級ブランドショップ「カルティエ」の直営店は、大変敷居が高いためラフな格好のときには入りにくいですが、それがカルティエの狙いでもあります。

人物を目立たせるには背景をぼかすように、あるものを強調するには、他を捨てなければならないのです。

下顧客は思いきって切る！

売り上げだけでなく、コストや手間の面からも顧客を判断しましょう。顧客は主に次のように分類することができます。

- **上顧客**＝コストや手間が少なく、売り上げも大きい非常に儲かる顧客
- **並顧客**＝コストや手間はかかるが、売り上げも大きい儲かる顧客
- **下顧客**＝コストや手間が多いため、売り上げが小さく儲からない、または損な顧客

固定費が高いビジネスで、1円でもいいから仕事が欲しいという場合を除き（それはそれで問題ですが）、下顧客の仕事は断りましょう。下顧客は、よく調べるとトントンどころか損をしている場合もあるので、それを**切るだけで利益率が改善**する場合もあります。

下顧客かつイヤなお客様だったら、今日にでも切りましょう。営業マンの感情的な消耗はバカにできない損害なので、精神衛生上もその方がいいです。「下顧客を切ると顧客がい

なくなる」という場合は、これ以外の手法を使ってお客様を増やしましょう。

モノ不足の時代はすべての顧客をターゲットにしてもよかったのですが、モノ余りの現在は、どのような商品にも競合商品が存在します。ですから、先ほどのディベート本の例のように、顧客の一部を捨てないと結局誰も引きつけられないのです。

実践 ターゲット顧客を明確にしよう！

自分のビジネスにとって必要な顧客とは、

- **儲かる顧客、または将来儲かりそうな顧客**
- **売り上げが伸びている顧客**
- **儲かる顧客を紹介してくれる顧客**
- **自分たちを成長させてくれる顧客**
- **キチンとお金を払う顧客**

などで、この逆が不要な顧客となります。

注意してほしいのは、注文が厳しく儲からない顧客でも、自社を成長させてくれる場合にはキチンとお付き合いする必要があるということ。ラクなお客様とだけ付き合うことを勧めているわけではなく、不要な顧客を考えることで必要な顧客を明確にしようということです。

顧客の選別方法

では、どのように不要な顧客を選別すればいいのでしょうか？　お客様に向かって、「あなたは弊社にとっては不要です」とは言えませんよね。ですから、不要な顧客が近づいてこないようにすればいいのです。それには以下のような方法があります。

- **名前で選別する**――「30代からの英語勉強法」という本は、20代以下の人は買わないでしょう
- **価格で選別する**――一千万円の車は、普通の人には買えません
- **商品で選別する**――少量でヘルシーなランチを出す店には、ボリューム感を求める男性は来ません

となりのシャチョーさん

《靴販売店の場合》

高級靴販売店の店長さんが、じっと考え込んでいます。不思議に思った店員さんが話しかけました。

店員　どうしたんですか、店長？

店長　おお、いいところに来た。ウチに必要なお客様ってどんな人だろうな？

店員　買ってくれる人じゃないですか？

店長　そりゃあそうだけどさ、それってどんな人かなあ…。

店員　逆に、必要じゃないお客様を考えればいいんじゃないですか？

店長　なるほどな。じゃあ、必要じゃないお客様ってどんな人だ？

店員　ウチの強みは、足に合った靴を提案するフィッティングサービスですよね。ということは、フィッティングサービスが欲しくないお客様は重要じゃないといえませんか？　そういう方は、もっと安いディスカウント店で買いますよ。

店長　そうだな。でも、フィッティングサービスなんて名前じゃ伝わりにくいな。それってお客様にとってどんなメリットがあるんだろう？

店員　あ、お客様にとってのベネフィットですね。フィッティングサービスのベネフィットは、「靴ずれに苦しまない」じゃないですか？

店長　そうか。じゃあ、「靴ずれしま専科」なんて宣伝すると、ウチの強みと合ったニーズをお持ちのお客様がいらっしゃるな。

店員　…ベタベタですね。
店長　じゃあオマエが考えろ！
店員　いえいえ、とってもいいですよ。今靴ずれしていないお客様にも、「あ、ここの靴が痛くならないのは、キチンと考えてくれているからだな」って伝わりますよね。早速、ノボリとか看板とか、お金をかけずにできそうなことをやってみます！

さらにひと工夫

「欲しい顧客」のニーズと自社の強みが合っていないと、結局顧客を引き留めることはできません。もう一度、自社のビジネスの整合性をチェックしましょう。

トレーニング
03

購買への入り口を作る「スーパーの試食」
～サンプリング～

原則1
新しいお客様を増やす

商品を体験してもらう

スーパーの食品売り場には、焼き肉などをその場で食べさせてくれる試食コーナーが出ていることがあります。タダでもらうので買わないと悪いような気がして、買ってしまった経験がある人も多いのではないでしょうか。

このように無料でお試し品を配ることを、「サンプリング」といいます。よく街頭でシャンプーなどの試用品を配っていますが、花王やP&Gなどマーケティングに力を入れている日用品メーカーでは、相当な予算をつぎ込みます。ということは、それだけ効果のある手法なのです。

いくら自社の製品やサービスに自信を持っていても、実際に使って**体験してもらわなければその良さはわからない**もの。そのような場合、まずは無料で使ってもらうというサンプリングの手法が有効です。

ポイント

とにかく一度使ってもらおう！

サンプリングのメリット

この手法には2つのメリットがあります。まず、**購入する際の抵抗（購買障壁）を減らせる**ということ。高額商品や価値が実感できない商品の場合、お客様の品質に対するチェックは当然厳しく、高いハードルが存在します。サンプリングで実際に試してもらえれば、「ダマされているんじゃないか」という不安をぬぐい去ることができます。高額商品では特に有効ですが、スーパーの試食の場合も、商品の品質を確認してもらって信頼感をつくることを目的にしています。女性の生理用品も頻繁にサンプリングしていますが、実際に試してみないと使い心地はわからないのでしょう。

もうひとつは、サンプルを通して**疑似購買、利用経験をしてもらえる**ということ。一度使ったり食べたりすると、「買った後の自分」がイメージしやすくなりますよね。例えばスーパーで焼き肉を試食してもらえれば、「これなら子どもが好きそう」という食卓の光景がイメージできます。それによって、買い手一人ひとりの状況に合わせた利用のイメージがつくり出されるのです。

顧客心理

体験したことがない商品の価値はわからない

実践

無料体験の後に、買ってもらう仕組みを考えよう！

サンプリングのやり方は、期間（回数）限定で無料または半額にする、一部を差し上げる（例＝スーパーの試食）、モニターとして提供するかわりにアンケートに答えていただくなど、いろいろ考えられます。

ヘビーユーザーがいる商品の場合にサンプリングは効果的ですが、継続的に使っていただきにくい場合は、逆効果にもなり得ます。わたしはメーカーでお菓子のマーケティングを数年間やっていましたが、ガムでいえばミントガムのように**ヘビーユーザーになることが多い商品はサンプリングの効果が高い**のです。無料で配っても、後で何回も買っていただければ元が取れるからです。

逆に、フルーツガムのように「あの新しい味を一度試してみたい」と思って買う方が多い商品では、飽きられるのも早いためなかなかリピート購買が望めません。そのような商品は、「一度食べたからいいや」と思われる場合があるため、サンプリングすることはお勧めしません。

使い続けてもらう仕組みをつくろう

サンプリングは、その後購買に結びつけられるかどうかがカギです。そうしなければ、配っただけ損になってしまいます。

それを上手な形で実践しているのが、「初年度年会費無料」のクレジットカード。初年度の年会費がいわばサンプルですが、年会費の徴収が発生する前に解約する方も結構いらっしゃるそうです。そこで、カード会社は携帯電話の料金や傷害保険料をカード引き落としにすることを勧めています。なぜかというと、**カードの必要性を無料期間中に高めること**で、利用促進と解約防止の仕組みをつくっているのです。

一度引き落としをカードにしてしまうと、後から引き落とし先を変更するのはめんどうなもの。保険をクレジットカードで払い続ける限り、無料期間が終わっても年会費を払ってクレジットカードを使い続けてくれます。

このように、いかに引き続き使っていただくための仕組みを考えられるかが、この手法のポイントです。

となりのシャチョーさん

《中華レストランの場合》

ある中華レストランのオーナーが、ウェイターのトップであるチーフに話しかけています。

オ　ウチの新商品、「激辛汁なし担々麺」の評判はどうだ？

チ　まだ数字は出ていませんが、あまり注文がないですねぇ。

オ　何でだろう…。味には自信あるんだけどな。オマエも食べただろ？

チ　ええ、文句なしにおいしいですよね。でも、他店にはないオリジナルメニューだから、味が想像しにくいのかもしれませんね。一度食べればやみつきになると思うんですが…。

オ　一度食べればやみつきか…。ってことは、気に入れば何回も食べてくれるってことだよな。

チ　そうですね。人数は少ないですけど、召し上がった方はリピートしてくれてますよ。

オ　じゃあ、とにかく一度食べてもらおう！　利益が出なくてもいいから、来週「激辛汁なし担々麺」の半額サービスをやるっていうのはどうだ?

チ　やりましょう！　オリジナルメニューですから、食べたくなったら必ずウチに来てくれますよね。

オ　さっそくメニューで告知してくれ。それから、半額サービスをやる前と後の売り上げ比較もしっかり頼むぞ。効果を測らないと、うまくいったかどうかわからないからな。

さらにひと工夫

無料で配ることには費用が発生します。その後実際に買ってくれたお客様はどれくらいいたのかなど、キチンと効果測定を行いましょう。

トレーニング
04

購買層を広げる「一口馬主」
~共同所有による購買障壁の低減~

原則1
新しいお客様を増やす

高額商品をバラ売りする

ＪＲＡ（日本中央競馬会）の馬主になるには、相当高いハードルがあるようです。馬自体が一頭数百万円~数千万円するうえに、馬主資格を得るには高収入と億単位の資産が必要。したがって、馬主になれるのは一部のお金持ちに限られています。

しかし、それほど資産がなくても馬主になれる道があります。それが一口馬主です。簡単にいってしまえば、一頭の馬を１００人なり５００人なりで共同所有するという仕組み。投資に応じて費用を負担したり、賞金が分配される点などは通常の馬主と同じです。これなら、一人当たりが支払う金額はそれほど多くありません。この仕組みのおかげで、普通の人でも馬主になりやすくなりました。

高価なものを買おうとすると大きな障壁が立ちふさがりますが、たくさんの人と共同で買えば、一人当たり価格が減るので購買しやすくなります。**物理的に分けられないものを、バラ売りして買いやすくする**のが共同所有です。

ポイント **複数の人で共同所有できるようにして、買いやすくしよう！**

今まで売れなかった層にも売れる

一頭を売るために多くの人を集めるという手間はありますが、顧客となりうるターゲットが広くなり、今まで売れなかった層にも売れる、というメリットがあります。買い手を集める手間を効率化すれば、メリットは大きいでしょう。

一部分であろうと馬主は馬主ですから、「わたしは馬主だ」という満足感、所有感が得られます。投資としての効果に加えて、「持っている」という感情的価値が満たされるのです。そのため、今まであきらめざるを得なかった人たちにも売ることができます。

顧客心理 **ステータスとなる商品を所有したい**

実践

共同所有に適した商品を探してみよう

高額商品には特に有効なテクニック

値段が高いために個人では買えなかったものをバラ売りするわけですから、この商売に適しているのは高額商品ということになります。

●会員制の別荘

別荘は一年中利用するわけではないので、個人で所有する必要はありません。このように、たまにしか使わないものの場合にもこの手法は有効です。

ある会員制別荘クラブでは、軽井沢、京都、蓼科など全国にある別荘を共同所有しています。個人で別荘を買うとなると、たいてい数千万円単位のお金が必要になりますが、共同所有なら費用は劇的に下がります。

会員になると不動産登記もするので、別荘を使う権利だけでなく実際に所有している感覚が得られます。「そんなお金があるなら高級ホテルに泊まれば?」という意見もあるでしょうが、所有することそのものの価値や満足が欲しいという方もいるわけです。

また、別荘を個人所有する場合はそこしか利用できませんが、会員制ならば、そのクラブがもっている全国の別荘を利用することができます。このシステムは、別荘とホテルのいいとこどりですね。

●高級外車

高級外車を共同所有するサービスもあります。レンタカーとすぐわかる「わ」ナンバーではないというメリットがあります。

●農業機械

高価な設備機械で稼働率が低いものは、共同所有に適しています。例えば田植え機やコンバイン（稲刈り機）などの農業機械は、非常に高価ですが一年のうちある期間しか使いません。田植えは春に、稲刈りは秋にしかしないわけですから。

●ミニ株

ミニ株は、一口馬主とほとんど同じモデルです。上場株は千株を最低売買単位（一単元）としているところが多いので、1株千円だとすると最低100万円必要。これでは個人投資家はなかなか買いづらいですね。そこで1単元を十分の一にして、少額の資金でも株を購入できるようにしたのがミニ株です。株主優待などの特典は受けられませんが、高すぎて買えなかった株もこれなら買えます。

となりのシャチョーさん

《レジャーボートショップの場合》

釣りなどに使われるレジャーボート店の社長さんが、営業課長のところに駆けつけてきました。

社長　おい、あれやるぞ！

課長　何ですかいきなり？

社長　共同所有だよ、共同所有。大勢のお客様に共同で購入してもらうんだ。なんで今まで思いつかなかったんだろう？

課長　さあ、わたしに聞かれても…。

社長　うちのボートみたいな200万も300万もする商品、そうそう買う人はいないよな。

課長　ええ。それに、毎週使うようなものでもないから、確かに個人で持つ必要もないですよね。でも、なんでレンタルじゃダメなんですか？

社長　レンタルだと最初にウチが買い取らなきゃいけないじゃないか。そんなカネはない！

課長　あ、そうですね。

社長　興味はあるけど高すぎて買えないっていうお客様、どれくらいいるか分かるか？

課長　ええ、そりゃたくさんいますよ。こんな事もあろうかと、問い合わせがあったときに連絡先と名前を聞いてますから。

社長　でかした！　その人たちに共同所有を提案してみよう。

課長　でも社長、いつ誰が使うかでトラブルにならないですかね？

社長　確かに、お盆やゴールデンウィークにはみんな使いたいよな。じゃあ、ウチが管理費をとって、システムを作ってあげればいいんじゃないか？

課長　なるほど！　インターネットで予約できれば、きっと便利ですよ！

さらにひと工夫

この手法は、戦術的なマーケティングテクニックにとどまらず、ビジネスモデルを変革する可能性をもっています。誰にでもすぐできるというものではありませんが、うまくやれば業界を変革することもできます。「そんなのウチにはできない」という業界にこそ、チャンスは眠っています。

トレーニング
05

他社の顧客を取り込む「同封チラシ」
〜アフィニティマーケティング〜

原則1
新しいお客様を増やす

顧客ターゲットが同じ会社との提携

クレジットカードを使うと請求書が郵送されてきますが、その封筒にはさまざまなチラシが同封されていますよね。生命保険、自動車、羽毛布団などなど、多様な業界の商品が紹介されています。カード会社が自社の宣伝をするならわかりますが、なぜ請求書に他社のチラシが入ってくるのでしょう?

これは、アフィニティマーケティング（Affinity Marketing）と呼ばれる手法です。この用語は、マーケティング業界ですらあまり使われません。一般的には、「タイアップ」や「提携」といったほうがわかりやすいでしょうか。

簡単に説明すると、**同じ顧客をターゲットにしている会社同士が協力して販促を行う**ということ。ただ、協力する相手は同業他社ではありません。カード会社とチラシを入れる会社は直接競合しないため、このような協力関係が成り立つのです。

経験的に言って非常に効果のある方法です。欧米でも日本でもこの手法は人知れず効果をあげており、わたしがコンサルティングをする際にもよく提案します。

信頼関係を使わせてもらう

なぜこの手法が有効なのでしょうか？　それには、「信用」という要素が大きくかかわっています。見知らぬ人から商品を勧められても、おいそれとは信用しないはずです。しかし知人や有名人などから推薦されれば、その商品の信用度はグッと高まるでしょう。

それと同じで、カードを使っているということは、そのカード会社とある程度の信頼関係がすでに築かれているはず。その信用を利用させてもらうのです。単独でDMを送る場合でも、「お使いの○○カードからのおすすめです」というメッセージを入れた方が、売り上げはかなり違います。

顧客心理　**知っている人や会社に勧められると信用しやすい**

Win-Winの仕組み

請求書の封筒にチラシを同封する場合、カード会社は一件につき数十円、もしくはそれ以上の料金をとります。顧客リストの使用料というわけですね。もともと請求書を送る費用はかかっているので、カード会社は低コストで多くの収益が得られます。また、チラシでは自社のカードを使うことを勧めているので、カード利用額が増えることも期待できるでしょう。さらに、顧客サービスとして役に立ちそうな商品を紹介できるというメリットもあります。

チラシを入れてもらう会社にとっても、メリットは大きいです。カード会社のデータから自社の商品やサービスにマッチしそうな人を抽出するので、やたらにＤＭを出すより費用対効果が非常によいのです。

このモデルは、提携した会社双方にメリットがあるうまい仕組みだといえます。

ポイント **提携した双方にメリットがなければ成立しない**

実践 顧客ターゲットが同じ会社を探そう！

あなたのお客様にはどのような方（法人、個人を問わず）が多いでしょうか？　またはどのような顧客層を狙っていますか？　その特徴を挙げてみてください。そうしたら、それと同じ顧客層をターゲットにしている会社を探してリストアップしてみましょう。

例えば、中小企業をターゲットにしているのであれば、アスクル、税務ソフト会社、税理士などいろいろ思いつきます。その会社に、「お互いにお客様を紹介し合いませんか？」と申し込んでみるのです。もちろん「中小企業」という広い定義よりは、もっと絞り込んだほうが提携はしやすくなります。

トレーニング24の「後工程マーケティング」の考え方を応用して、自社の商品やサービスを買った後に何をするのか、と考えてみるのもよいでしょう。例えば、パソコンを買ったらパソコン教室に行く、結婚式の後には二次会がある、などですね。パソコンを買うとインターネットプロバイダーの申込書が入っていますが、プロバイダーのターゲットは「パソコンを買った人」だからです。

ここでひとつ注意が必要。提携相手の会社のお客様を紹介してもらうときには、必ず、相手の会社に自社を強く推薦してもらってください。逆に、あなたがお客様を紹介してあげるときは、強く推薦してあげてください。推薦してもらうと、より信用してもらえるからです。それが、この手法のポイントです。

となりのシャチョーさん

《運送会社の場合》

引っ越しを専門にあつかう運送会社の社長さんが、営業部長と一緒に新規顧客の獲得方法について悩んでいます。

社長　なあ、とにかくお客さんの数を増やさないとマズいぞ。
部長　ええ。相当な数の電話営業と飛び込み営業はしているんですけど…。
社長　効果はどうなんだ？
部長　このごろあまり手応えがないですね。
社長　もっと、何かこう、画期的な仕組みはないのかなあ…。
部長　最近「ある本」を読んだんですが、「同じ顧客をターゲットにしている他業種と提携しろ」って書いてありましたよ。
社長　同じ顧客をターゲットにしている他業種か。ウチだったらなんだろう？
部長　引っ越しをする前は、まずは部屋探しをしますよね。あっ、てことは…。
社長　それだ！　えらいぞ部長、不動産屋とタイアップすればいいんだ！　お客さんが部屋を決めたら、不動産屋にウチを紹介してもらうんだよ。

部長　なるほど。ウチを実際に使ってもらったら、不動産屋に紹介料を払えばいいですね！

社長　引っ越しの前には不動産屋に行く。いままで何でこんな簡単なことに気づかなかったんだ？

部長　さっそく近くの不動産屋をリストアップします。手数料の計算もやってみますね！

さらにひと工夫

あなたは、本当に自分のお客様のことを知っていますか？　一度数字を見直したりアンケートを取ってみると、意外な発見があるかもしれません。

トレーニング
06

「機能性胃腸症」が顧客をつくり出す
～不安によるニーズの創造～

原則1
新しいお客様を増やす

まずは病気自体を知ってもらう

「機能性胃腸症」という病気について、製薬会社が大々的に新聞広告を出していました。その内容はだいたい以下のような感じです。

「胃がもたれたり、むかつく、膨満感があるなどの症状が続くのに、ハッキリした原因はよくわからない。そんなことはありませんか？　もしかしたら、それは『機能性胃腸症』かもしれません。あまり耳慣れない言葉かもしれませんが、胃の運動機能障害などの目に見えない原因によって引き起こされる病気で、なんと日本人の4人に1人はこの病気にかかっているといわれています」

この広告、うまいですね。胃もたれやむかつきは、誰でも経験したことがあるはず。全く経験していない人を探すほうが難しいでしょう。しかも「4人に1人」といわれると、「ひょっとしてわたしも…？」と思ってしまいます。もちろん最後には、「○○製薬は、胃の運動機能を改善する胃腸運動促進薬を提供しています」とアピールしています。

薬を売るには病気を売る

薬の宣伝ならわかりますが、なぜ製薬会社がこのような病気の宣伝（?）をするのでしょうか？　それにはちゃんとした理由があるのです。

不謹慎な言い方で恐縮ですが、薬を売るにはまず病気を売る必要があるのです。「薬が必要になる原因＝病気」。これこそがニーズなのです。病気でなければ薬はいらない、つまりニーズはないのです。

単に「胃腸運動促進薬」といわれても、今ひとつピンときません。ところが、まず「機能性胃腸症」とか「胃の運動機能障害」という病気があることを知らせておいて、しかも4人に1人がその病気にかかっていると宣告する。そう言われると、「わたしもそうかもしれない。まずい、治そう」と思わずにはいられません。まさにこれが、**薬のニーズが創造された瞬間**なのです（蛇足ですが、このような広告になっているのは、薬事法上の理由もあるでしょう。薬の広告は、薬事法で効能や効果に関する表現が厳しく制限されています）。

この手法は「F・U・D（ファッド）」と呼ばれる欧米では有名なテクニック。商品を売る前に、Fear（恐怖）、Uncertainty（不確実性）、Doubt（疑い）で不安を訴求して、ニーズを創造するのです。

不安を感じたときにニーズが生まれる！

ニーズが発生した瞬間＝欲しいとき

はじめからニーズがないお客様に商品を売るのは、非常に大変です。値下げしたり、何回も営業したり、プレゼンしたり、あの手この手を使う必要があります。そうやって売ったところで、返品やクレームに悩まされることになるかもしれません。

ところが、ニーズがすでに発生している場合、特にニーズが発生した瞬間（この場合は病気の不安を感じたとき）は、**購買に対する抵抗が非常に少ない**のです。そのため値下げの要求などもあまりなく、売りやすい状態になっています。「病気を治そう」と思っているときに、「この薬は高いから今回はやめよう」と考える人は少ないでしょう。

次の二つのうち、薬を飲まなければと思うのはどちらですか？

「この薬を飲むと、胃の働きがよくなってスッキリします」

「あなたは機能性胃腸症です。それにはこの薬が効きます」

どちらも薬のベネフィット（トレーニング01）をしっかり伝えていますが、後者の方が、より「飲まなければ」という気にさせるでしょう。ここからわかることは、人間はマイナスの情報により敏感に反応するということです。

心理学的に、人間はよい情報より悪い情報により強く反応することが確認されています。「胃の調子がよくなる」というプラスの情報より、「あなたの胃は病気です」という悪い情報を与えられた方が、より薬を買う気になるものです。

顧客心理 **人間は、マイナスの情報により敏感に反応する**

実践 不安を売ってニーズをつくる

商品を売る前に、まずニーズをつくりましょう。具体的には、あなたの商品やサービスを使うことで解消される不安や不満、お金や時間の無駄などのネガティブな情報をまず伝えます。その後に、「この商品ならそれが解消されますよ」と続けるのです。

●生命保険

保険会社は「安心」ではなく、もしものときの「不安」を売ります。「この保険は1億円出ますよ！」と売り込むのではなく、「ご主人に万一のことがあったら、ご家族がお困りになりませんか？」という具合です。

●歯みがき粉

歯みがき粉のＣＭにも、「歯周病」という言葉がよく出てきますよね。これも、「歯周病になると、歯ぐきが炎症を起こして歯がグラグラしてしまいます」というマイナスの情報を伝えた方が、消費者に与える効果が高いからでしょう。

この手法は、営業トークや広告表現にも使えます。営業トークであれば、「この商品はいいですよ！」と言う前に、「こんなことでお困りではありませんか？」と、**お客様にとっての不便や不満、不安を再認識させてあげる**のです。すると、その商品のニーズが創出されることになります。

ある会社のトップセールスマンによると、殺し文句は「これを買わないと損しまっせ」だそうです。買うことによる「得」ではなく、買わない「損」を強調した方が売れることを知っているんですね。

ただ、ここで注意が必要なのは、強すぎるマイナスの情報は本能的に無視されてしまうということ。広告のイラストなどはあまりリアルにするよりも、ちょっと怖い程度にしておきましょう。

となりのシャチョーさん

《自動車販売店の場合》

自動車販売店の店長さんが、値段が高くて儲けも大きい家族用大型車を売りたいと考えています。部下の販売員さんに相談しました。

店長　おい、不安を売る方法を考えてくれ。
店員　どうしたんですか、やぶから棒に。
店長　「F・U・D」だよ、知ってるか？
店員　ああ、アレですね。わたしだってちゃんと読んでますから。
店長　読んだんなら、すぐ車の売り方を考えろ！
店員　もう、自分でも考えればいいのに…。
店長　何だってぇ！
店員　はいはい、あのですね、ウチで掲示しているファミリーカーのポスター、今は「大きさのゆとり」みたいなことが書いてありますよね？
店長　で？

店員　それを「車が狭くて、お困りになったことはありませんか？」ってしてみたらどうでしょう？　そうすると、お客様は困った経験をいろいろと思い出しますよね。荷物が積めないとか、家族全員で乗ると狭くて子供が泣き出すとか、いろいろあると思いますけど。

店長　そうか、そこでニーズをつくるわけだな。その後で、広さをアピールしようと。

店員　さっすが店長！

店長　まあな。

店員　（おだてに乗りやすいから扱いがラクだこと）

店長　何か言ったか？

店員　いえ、何も。困りそうなことをいろいろ書き出してもいいかもしれませんよね。そうすれば、お客様に「そういえばこんなことあるなあ」と思っていただけるんじゃないでしょうか。

店長　よし、さっそくそうしよう。

店員　セールストークも統一した方がいいですよね。販売員マニュアルをちょっと変えてみますよ。

さらにひと工夫

何気ない一言が本当のニーズであることも多いので、お客様との会話ではアンテナを高くしておきましょう。お客様のことをよく知っていれば、普段どんなことに困っているのかわかるはずですよ。

トレーニング 07

「ヌーブラ」の大ヒットはキーパーソンから
～顧客カスケードマーケティング～

原則１
新しいお客様を増やす

ヒット商品のコミュニケーション経路

肩ひもがなく、胸に張りつけるという新感覚のバストアップブラジャー「ヌーブラ」は、２００３年の大ヒット商品。これは、ファッション商品の典型的なコミュニケーション経路をたどってヒットしました。

メーカーは、まずファッションスタイリストなど、衣装をコーディネートする専門家に狙いを定めて販促をかけました。ノースリーブなどブラジャーのストラップを見せたくない衣装に、肩ひもがないというヌーブラの特性が生かせると考えたわけです。

専門家が使ってみると、他にも「胸の形がよく見える」、「ひもがないのでリラックスできる」などの利点があることがわかり、やがてその存在がファッション情報に敏感な若い女性に口コミで伝わりました。ファッションの先端にいるスタイリストが、若い女性への伝播元となったのです。

キーパーソンの影響力を利用する

人間は、尊敬する人や自分がすごいと思っている人から強く影響されます。浜崎あゆみのファッションを女子高生がこぞってマネするのは、憧れる人と同じ格好をしたいから。それと同じように、自分が尊敬する人が使っているものなら「それはきっといいものだ」と無条件で受け入れやすいのです。これはあらゆる状況で見られる現象で、会社間であっても「あの優良会社が使っているのなら」と考えます。

お菓子のマーケティングをしていたときのこと。非常に販売力の強い、地域ナンバーワンスーパーが他を圧倒している地域がありました。他のスーパーは品ぞろえなどでかなりの影響を受けています。

そこで、まずそのスーパーに営業をかけ、利益率を下げてでも取り扱ってもらうことに全力を尽くしました。首尾よく仕入れてもらえたあとは、「あの○○スーパーさんでも入れてくれましたよ」という営業トークを使うことができるのです。これは非常に効果的で、他のお店も次々と商品を置いてくれるようになりました。どの業界でも、**模範となっている会社の動向はとても気になる**のです。

顧客心理 **自分より「上」の存在からは影響されやすい**

「顧客カスケードマーケティング」とは？

カスケードは「滝」という意味です。ある顧客に売れると、滝から水が落ちるように一般ユーザーにも売れていく、という意味でわたしが名付けました。

社会には周囲への影響力が非常に強い人たちがおり、その人たちはインフルエンサー（Influencer）と呼ばれます。滝の上流であるインフルエンサー、すなわちキーパーソンにメッセージが届くと、その交友関係を通じてメッセージが下流に広まっていくのです。

キーパーソンを探しあて、そこから滝のように商品情報を流していけば、**テコの原理を使った宣伝効果**が期待できます。もし1万円の宣伝費用をかける場合、100人に100円ずつ使うよりは、影響力がある1人に1万円使う方が効果的なこともあるのです。

ポイント　世の中には、人を動かすことのできる「キーパーソン」がいる

実践　広い影響力をもつキーパーソンを探そう！

まずはキーパーソンを探さなければいけませんが、それは次のような人たちです。

●**人脈の広い人**――いろいろな集まりに顔を出し、情報をあちらからこちらへと流通させる情報媒介者がいます

●**教え好きな人**――パソコンや金融商品など、知識差が激しいものにはたいてい教え魔がいるもの

●**オピニオンリーダー**――マスコミなどで発言する機会がある人

●**強制力を持っている人**――部下、取引先、子供などに使わせる力を持っている人

キーパーソンを探す一番手っとり早い方法は、お客様に聞いてみること。「この商品を奨めてくれたのはどなたですか?」、「このような商品を買う際に、どなたに意見を聞きますか」と聞けば、キーパーソンを発見することができます。

キーパーソン候補が見つかったら、その人に情報を流しましょう。単に商品特性を教えても、面白くなければ伝えてくれません。「タレントの○○も使っている」、「××コンテストで優勝したらしい」などのエピソードや物語があるといいです。

さらに、キーパーソンの優越感をくすぐれば、喜んで情報を触れ回ってくれるかもしれません。「あなたのような高感度な方にだけお知らせします」とか、「あなたには真っ先に伝えたいのですが」というような一言を添えるとよいでしょう。

強制力を利用する

日本での実話ですが、ある外資系ソフト会社は実に見事な戦略で業界標準の座を勝ち取りました。彼らのソフトは建設業界で使われるものだったのですが、まず大手のゼネコンに集中して営業をかけたのです。時間はかかっても大手で使ってもらうようになると、そのゼネコンは「うちに納品するときにはこのソフトで」と、下請けの会社や建築士事務所にそのソフトを使うように半ば強制しました。こうして連鎖が滝のようにどんどん広まっていき、そのソフトは日本で業界標準になったのです。

この場合の大手ゼネコンは、「強制力を持っている人」。ソフト会社は、それをうまく利用したわけです。

となりのシャチョーさん

《洋菓子店の場合》

売り上げを伸ばせないかと考えている洋菓子店の店長さんが、女性の店員さんに話しかけています。

店長　なあ、なんとかウチのケーキを宣伝できないかなぁ。

店員　雑誌とかに広告を出せばいいんじゃないですか？
店長　そんな金がどこにあるっていうんだ！　けど、もしお金をかけずに売り上げが伸びたら、給料アップを考えないこともないぞ。
店員　ホントですか!?　あ、そうだ！　出版社に勤めてるわたしの友人がよくホームパーティーを開いてるんですけど、そのパーティーで紹介してもらえばいいんじゃないですか？
店長　はあ？
店員　だから、その友人は顔が広くて、情報誌のライターなんかにも友達が多いんです。ウチのケーキを提供するかわりに、パーティで宣伝してもらえばいいんですよ。タダであげれば、きっと宣伝してくれるでしょう。
店長　なるほど！
店員　うまくいけば、雑誌で取り上げてくれるかも。
店長　よし、その友人にケーキを提供しよう。さっそく話してみてくれ。
店員　これで給料が上がりますね。嬉しいな♪
店長　うまくいったらだからな！　交渉頼むぞ。

さらにひと工夫

キーパーソンを探し当てるのがひと苦労なのですが、それにはまずお客様のことをよく知ることが大切です。お客様がどんな人に憧れているのか、どんな会社のことを参考にしているのかがわかれば、自然とキーパーソンは見えてきます。

原則2 今いるお客様を逃がさない

「今いるお客様を逃がさない」ために

お客様の流出防止の特効薬というのは、実はありません。この点は、どんな会社でも苦労しているところです。しかし、かなり多くの会社（経験的には半数以上）は、自分のお客様が逃げていることにすら気づいていないので、それに気づいて何とか対策を立てようという意識を持っただけでも、かなり先に進んだことになります。

お客様が逃げているという場合、本当にニーズがなくなった可能性もあります。その場合はどうしようもありません。また、お客様が単にあなたのことを忘れている、ということもあるので、その場合は継続的にコミュニケーションをとることがよい手段です。

しかし、たいていは「お客様が競合企業のサービスや商品に乗り換えた」ということなので、自分の商品やサービスを改善し、お客様の期待以上の価値を提供し続ければ、流出率は減ります。

それだけでは身もフタもないので、ここではあなたのビジネスに応用しやすそうな手法を紹介します。自分の商品やサービスをしばらく買っていない、ごぶさたなお客様の顔を思い出しながら各トレーニングを読んでみてください。

トレーニング
08

ファンを離さない「リポビタンD」の戦略
～継続的改善による顧客維持～

原則2
今いるお客様を逃がさない

人知れず変化し続けている味

頑張るビジネスパーソンの力強い味方、大正製薬の「リポビタンD」。わたしも大学時代から愛飲していますが、元気が出るだけでなく結構おいしいですよね。競争の激しいドリンク剤市場でシェアナンバーワンを維持している秘密は、「ファイト一発！」のCMはもちろん、**味の継続的な改良**にあったのです。

以下は、新聞記事からの引用です。

「人々の嗜好の変遷に合わせて、内容成分の配合の変更は合計10回を数える。大正製薬総合研究所（さいたま市）の『内服液剤研究室』のメンバーが、定期的に新しい風味を3、4種類開発し、『官能検査室』で試飲して改良を重ねている」（2002年5月29日／読売新聞朝刊より）

昔から気に入って飲んでいたのに、何度も味を変えていたとは気づきませんでした。しかも、今でも継続的に味を研究しているとは驚きですね。「おいしさアップ!!」などと宣伝して味を変えていくのはよくあることですが、リポビタンDの場合、顧客に伝えずにさりげなく味を改善しているのです。

これはある意味当たり前のことですが、**商売がうまくいっている場合は特に忘れがち**です。わたしがMBA取得のため留学していたときには、「kaizen」という言葉が教科書によく登場していました。トップスクールでもこのようなことを勉強するということは、当然のことであるが故に忘れやすく、だからこそそれを継続的に実行できれば有利である、ということでしょう。

変化する顧客に合わせて、飽きさせない

十年一日のごとく同じ商品をいつまでも売り続けていては、いつかお客様に飽きられてしまいます。今はあなたの商品やサービスにお客様が満足してくれているとしても、次に来店するときにはそれが当たり前（基準）になっているので、継続して買っていただくためにはさらによいもの、目新しいものが必要になるのです（もちろん、独自性や高品質を長く保つことで信頼を得る場合もありますが）。

驚異的なリピート率を誇る「東京ディズニーランド」は、行くたびに「何かが変わった」という印象を受けます。実際、「ディズニーシー」を増設するなどの大規模な拡張を行う

だけでなく、ショーの趣向を定期的に入れ替えるなど、リピーターでも毎回新しい発見ができる仕掛けを用意しています。

また、スナック菓子のパッケージにも同じようなことがいえます。最近よく見かける復刻版のパッケージを見ると、すごく古くさ〜いデザインに感じますよね。基本的な部分は変わっていなくても、今でも売れている商品は、パッケージもいつの間にか変わっていることに気づかされます。

十年単位で見ればお客様はすっかり入れ替わってしまいますが、その変化は一気に起こるわけではありません。**徐々に変化するお客様に合わせて、売り手側も変化する**ことが求められています。

顧客心理 **全く変化のない商品は、いつか飽きてしまう**

改良し続けて初めて維持できる

もしあなたのビジネスが順調な場合、**競合会社は早く追いつこうと必死になっています。**今は優位に立っていても、そのままなにもしなければいつかは追いつかれてしまいます。

すると顧客は流出し、製品寿命は終わってしまうでしょう。

ある人気旅館の女将さんは、こうおっしゃっていました。

「お客様からは『いつも変わらないサービスをしてくれるね』とありがたい言葉をいただきますが、わたしたちは少しづつサービスを改良しています。そうしてはじめて、『いつも変わらないサービス』とおっしゃっていただけるのです」

進化し続けるからこそ、より高まるお客様の要望に応えられるのでしょう。

また、有名ラーメン店「春木屋」の創業者の方はこんなことを語っていました。

「お客さんの舌は味に慣れるから、まったく同じ味で出し続けていると、いつかは味が落ちたと言われてしまう。だから、ベースとなる味は絶対に変えないが、研鑽してお客様には気づかれないように少しずつ味を変えているんだ。それではじめて『変わらないね』と言われる。そしてそれが、『いつも変わらずおいしい』という本当の意味だよ」

あなたのビジネスにとって、「ベースとなる部分」、「研鑽して改良する部分」とはいったいどこでしょう？　もう一度考え直してみましょう。

ポイント

うまくいっている商品でも、継続的な改善は不可欠

実践 落ち目になる前に継続的改良をしよう！

商売がうまくいっている間はやり方を変えにくいものですが、**改善は売り上げが落ち始めてからでは遅い**のです。うまく行っているうちにやりましょう。「リポビタンD」はそのような努力をしているからこそ、驚異的なマーケットシェアを維持できています。

「リポビタンD」の場合、「おいしさ」ではなく「元気」を売っているので、「おいしくなった！」とアピールするとセールスポイントがぼやけてしまいます。しかし、味は継続して購買していただくための重要な要素なので、このような場合は黙って改良し続けるのがベスト。ラーメン屋の場合も、味が変わったことを知らせるのは得策ではありません。

逆に、ディズニーランドの新アトラクションのように、伝えることが売り上げにつながる場合は積極的にアピールしましょう。

つねに調査&研究を

お客様の声を聞いて、それを改善の材料にしましょう。うまく行っているものは、そのままにしておいたほうが確かに無難です。しかし、いつかは変える決断が必要になります。

もちろん一気に変える必要はありません。まずは試験的に販売してみて、お客様の反応を確かめてみればいいのです。それなら大きなリスクはありません。

「止まっていては撃たれる（競合に追いつかれる）」。これは頭に入れておきましょう！

《デザイン事務所の場合》

となりのシャチョーさん

デザイン事務所の社長兼チーフデザイナーさんが、部下のデザイナーに話しかけています。

社長　お客様のサトウさん、お仕事いただいてからどのくらいだっけ？

デザ　えーと、サトウさんとは確かもう3年目ですね。

社長　最近ちょっと心配なんだよ。デザインを出しても、昔ほど反応がよくないだろ？　昔は出すデザイン全部喜んでいただいてたのに。

デザ　そういえばそうですね…。厳しいコメントをいただくことも多いし。

社長　そうなんだよ。そろそろウチのデザインに飽きてきたのかなあ。

デザ　こんなときに他のデザイン会社から売り込みがいったら、パッと変えられてしまうかもしれませんね。
社長　そうだよな…。次に提案するときには、今までと感じを変えたものを出した方がいいかもしれない。
デザ　それで反応を見た方がいいですね。
社長　次はいつだ？
デザ　2週間後に提案することになってます。そのときは今まで通りのデザインと目先を変えてみたものの両方を出してみますよ。
社長　よし、一度ゼロからデザインしてみよう！

さらにひと工夫

華やかな仕事は誰でもやりたがりますが、地味な改善はなかなか日が当たりません。そのようなことを一生懸命やる社員の育成と、その評価も重要です。

トレーニング
09

販売機会を逃さない「富山のくすり売り」
～機器設置マーケティング～

原則2
今いるお客様を逃がさない

近くに置いて使いやすく

富山のくすり売りに代表される配置薬業は、カゼ薬や胃腸薬などいろいろな薬が入った薬箱をお客様の家に置いておき、使った薬の分だけ料金をいただくというビジネスです。わたしの実家にも薬箱がありました。

わたしはこれを「機器設置マーケティング」と呼んでいます。商品が使いやすくなるような機器（この場合は薬箱）を設置して商品を手元に置いてもらい、お客様が必要なときにいつでも使えるようにするという方法です。

さらに、「先に使って後で払う」という「先用後利」の手法を併用しています。いわゆる「後払い」によって、使うときの抵抗感を減らしているわけです。

先人の知恵が生み出した「富山のくすり売り」は、「機器設置マーケティング」と「先用後利」を組み合わせたうまいビジネスモデルなのです。

売れるチャンスを逃さない

このビジネスモデルをもう少し詳しく考えてみましょう。普通、薬が使われる場合には次の二つのポイントがあります。

- ●いつ薬が必要になるかは予測できない
- ●薬が必要なとき＝買いに行きたくないとき

病気は突然やってくるうえに、薬が本当に必要なときには買いに行けない状態なのです。風邪をひいているときやおなかがが痛いときに、外出なんかしたくありませんよね。したがって、薬はいつも手元に置いておきたいもの。そして手元にあれば、病気になったときにためらうことなく使います。体が苦しい状況では、「このブランドはいやだ」なんて言わずに近くにあるものを喜んで使うでしょう。

つまり、「お客様が欲しいとき」こそ「最も売りやすいとき」なので、いつでも薬箱が手元にあれば、そのタイミングを逃すことがありません。購買障壁が下がっているときこそ売るチャンスです。

ポイント

「お客様が欲しいとき」＝「最も売りやすいとき」

売り手と買い手の両方にメリット

お客様にとっては、外に買いに行かなくて済むうえに集金にも来てくれるというのは大きなメリット。また、使った分だけ払うので、常備薬に対してお金を払う必要がありません。お客様の面倒やリスクを、薬売りの方が負担しているのですね。

売り手側のメリットとしては、**お客様のニーズに接近できるので、薬を買ってもらいやすくなる**こと。そのほかにも「**囲い込み**」という効果もあります。薬箱を使っていただければ、お客様を他の薬店に奪われることはありません。手元にある薬を使ってもらえるのため、お客様を囲い込めるのです。

売り手と買い手の両方にメリットがあるからこそ、江戸時代から現在まで数百年も続いているのでしょう。

実践 あなたの商品をお客様のところに置いてこよう!

この手法の特徴は、何らかの仕掛けをつくって**商品をお客様のところに置いていただく**ということ。そうすれば、**ニーズが生まれた瞬間に一番近いところにいられる**ので、いつもあなたの商品が選択されるというわけです。気に入ってもらえれば、長期間継続して買ってもらえます。

●ミネラルウォーターサーバー

大きなボトルを設置したタンクから冷水と熱湯が出る、ミネラルウォーターサーバーという装置があります。業者の人が定期的にミネラルウォーターのボトルを交換してくれて、その使用量に応じて料金を払うという仕組みです。会社が社員の福利厚生のために置いているという場合が多いですね。

わたしの会社にもありますが、冷水はもちろんお茶を入れるお湯もすぐに出るので非常に便利。便利なので、ついつい使ってしまいます。これは、富山のくすり売りと非常に近いビジネスモデルですね。

●文房具

オフィスで使用する文房具を管理するのは意外に大変です。そこで、契約文具店が文具一式の入った棚を会社の総務部に置いておく、という仕組みがあります。社員は必要な文具を取り出して持っていき、月末になると文具店が棚卸しをして、使われた分だけ請求するのです。誰が使ったかを把握するために、文具を持っていく際には部署名・名前・文具名を記録します。

これなら会社側は文具を無駄に使われる心配がないのに加えて、総務の手間も削減できます。また、文具店も商品別にいちいち注文を受ける必要がないうえに、安定した売り上げを獲得できます。まさしく、Win-Winのビジネスモデルだといえるでしょう。

以上をまとめると、

●よく使うものを置いてくる
●使った分だけ後で請求する
●利用者を把握する必要がある場合はその仕組みも作る

ということです。簡単で、かつ法人にも個人にも応用が利きやすいモデルです。

となりのシャチョーさん

《日用食料品店の場合》

オフィス街に立地する食料品店の社長さんが、何かひらめいたようです。専務である奥様に話しかけています。

社長　最近さあ、コンビニにお客さん取られてるよなあ…。

奥様　そうねえ…。
社長　で、考えたんだけど、お客様が来るのを待ってないで、取りに行けばいいんじゃないか？
奥様　取りに行くって、どうやって？
社長　ウチのお客さんはサラリーマンが多いだろ。お客さんの会社を回って商品を置いてきて、後で使った分だけ集金するんだ。
奥様　なるほどぉ。でもその方法だと日持ちする物じゃないとダメね。カップ麺とかはどう？
社長　それなら腐らないから、遅くまで残業してる会社の夜食にピッタリだ。でも、お湯がないと食べられないな。電気ポットを置いてない会社もあるだろうし。
奥様　じゃあ、電気ポットをレンタルして、月々500円でも使用料をいただいたら？
社長　そうか！　それで月に一定以上の売り上げがあったら、その月は使用料を無料にするサービスをすればいいんだな。
奥様　外に買いに行かなくて済むから、忙しい社員さんも喜ぶわよ。雨の時なんかも便利だしね。

社長　そうだな、それをセールストークにして交渉すればいいんだ。

奥様　会社がダメなら、個人のお宅っていう手もあるわよ。

社長　うん、両方試してみよう！

さらにひと工夫

あなたのビジネスにも、お客様の手間や面倒、リスクを減らすことによって、お客様の購買障壁を下げる方法があるはずです。もう一度よく考えてみましょう。

トレーニング
10

顧客をつなぎ止める「オーナーズグループ」
～顧客交流マーケティング～

原則2
今いるお客様を逃がさない

コミュニティーが倒産危機を救う

広い世代から支持を集めている大型バイクメーカー「ハーレーダビットソン」。そのユーザーだけが入会できる、ハーレー米国本社公認のユーザーグループが「ハーレー・オーナーズ・グループ（H・O・G）」です。同社サイトによると、世界72カ国において活動し、65万人以上の会員数を誇る世界最大のライダー組織だそうです。

実は、ハーレーは80年代前半に日本のバイクメーカーの攻勢にあい、倒産の危機を迎えていました。しかし１９８３年に発足させたオーナーズグループの成功もあり、90年代後半には見事復活。日本でも排気量７５１cc以上の二輪車市場では、ホンダを抑えて２００２年まで３年連続で販売首位を維持しています。

ユーザー交流による顧客ロイヤルティ強化

バイクのだいご味は、ツーリングをすることだそうです。仲間がいればツーリングはより楽しくなりますが、社会人の場合、会社関係以外で友人を作る機会はそう多くありません。

そこで、H・O・Gがツーリングやマシン整備のセミナーを企画して、コミュニケーションの場を作っています。バイクツーリングという共通の趣味に加え、「ハーレー」という特徴のあるブランドに惹かれる共通の価値観を持っているので、そこではすぐ友人ができるそうです。

春はツーリングをして冬はまた別の遊び、とバイク以外でもつながりが強まるため、バイクをきっかけに新しい友人が得られるのです。そして、共通の趣味をもっていれば友人関係は長く続くものですよね。

ポイント **商品を通じて友人を得ると、その商品に愛着を感じる**

お客様同士の交流によるメリット

こうしたコミュニティーを組織するのはそれなりに手間がかかりますが、メーカーとしてもそれだけのメリットは得られます。

まず、**お客様のロイヤルティー（loyalty=忠誠心）が高まる**こと。友人を得る貴重な機会を作ってくれたハーレーには、自然と感謝する気持ちを感じるでしょう。

また、**お客様を囲い込める**という効果も見逃せません。H・O・Gで仲良くなった人たちと、ホンダのバイクでツーリングはしませんよね。グループとその友人関係が続く限り、ハーレーを買い続けることになります。また、購入に際して価格はあまり大きな決定要因になりません。ハーレーの価格は日本製バイクの2倍以上ですが、価格よりも「ハーレーである」という価値の方に重きが置かれます。

顧客心理 **愛着が高まるほど、価格にはこだわらなくなる**

実践 「場」を提供して、ユーザー間の交流を促進しよう

仲良くなるのはもちろんユーザー御本人ですが、集まる、仲良くなるきっかけを用意してあげましょう。ユーザーが集まって話をできる場を提供してあげるのが効果的ですが、それには、コンテスト、飲み会やパーティ、表彰（うまく使っている人、よく使っている人を表彰する）などが考えられます。

また、バッジや会員証などを作るのもいいですね。ハーレーオーナーズグループでは、全世界共通の会員証を発行していますし、バッジなどの商品も充実しています。これは、「わたしはハーレーのオーナー」という満足感を与えると共に、「所属欲求」も満たしています。人は、何かのグループに所属していると安心するのです。

趣味的な分野の商品に有効

スポーツや旅行などの「趣味」を売っているお店では、店側が積極的にコミュニティーを組織することで、お客様の囲い込みをすることができます。

毎年夏にニュージーランドスキーに行くわたしの友人は、海外スキーに特化した旅行代理店のツアーで行くそうです。夏にスキーに行くほど熱心なスキーヤーたちは、趣味が共通ということもあり、とても仲良くなれるそうです。彼らはもちろん毎年その代理店を使っています。

また、ダイビングショップもツアーを主催しています。参加者はダイビングを軸にした同好の友人ができるため、ダイビングがさらに楽しくなります。するとそのショップに入り浸りになるようになり、気がついたら、ウェットスーツなど何から何までその店で買っているというわけです。

となりのシャチョーさん

《ゴルフショップの場合》

ゴルフショップの店長さんが、店員さんのところに急いで駆け込んできました。

店長　おい、ウチも作るぞ、ユーザー会。
店員　どうしたんですか？　やぶから棒に。
店長　ユーザーを組織化してお互い仲良くしてもらえば、そこで仲良くなった人たちがウチに集まるってやり方だ。
店員　なるほど。それでまた買ってくれるってわけですね。じゃあ、みんなで飲み会でもしますか？
店長　おまえはバカか？　うちは何を売ってるんだ？
店員　ゴルフ用品に決まってるじゃないですか。
店長　だから、みんなでゴルフに行くんだよ!!
店員　あ、そっか！　さすが店長。
店長　まあな…、ってそれぐらい気付けよ！

店員　じゃあわたしの友人のレッスンプロも呼んで、無料レッスンとかやってもらいましょうか？

店長　そりゃいい。みんながうまくなってゴルフをもっと好きになれば、クラブを買い替えたくなるかもしれない。

店員　プロには、クラブのアドバイスもしてもらえるよう頼んでみますよ。無理にウチの商品を勧めない程度に。

店長　仲良くなればお客様が欲しがってるものがわかるから、一石二鳥だな。

店員　無料のマーケットリサーチってワケですね。

店長　そうだ。じゃあとりあえず第一回目を企画してくれ！

店員　はい！

さらにひと工夫

ユーザー会があれば、ユーザー同士だけでなく、あなたとお客様が話す機会も増えます。ユーザーの意見や要望を直接聞けるので、市場調査よりも詳しいリサーチができるチャンスです。

トレーニング
11

再来店を促す「ボトルキープ」
〜人質マーケティング〜

原則2
今いるお客様を逃がさない

再来店の動機づけ

飲み屋さんのボトルキープ。お酒をボトルごと買ってお店に預けておけば、次に行ったときにまた飲めるというシステムです。マーケティング的に考えると、なかなかおもしろい仕組みです。

日本以外にこの仕組みがあるかどうかはわかりませんが、「ボトルキープ」は英語的におかしいので（ボトルキーピングになるはず）、たぶん和製英語です。ということは、日本独特のシステムなのかもしれません。

ちなみに、「人質マーケティング」というのはわたしの造語。ボトルはお客様が買うのでそもそも自分のものですが、それをお店が預かることでボトルを「人質」に取っているわけです。そうすると、お店にボトルがある限りお客様は来店し続けてくれます。ボトルが空になったら、もちろんすかさず次のボトルを勧められますよね。

ポイント

売ったモノをお客様から預かれば、また来ていただける！

相互にメリットのある仕組み

これは、「所有効果（Endowment Effect）」という心理を利用しています。人は自分の所有しているものには、より多くの愛着を感じるもの。この効果の実験データによると、たとえば100円で何かを買った場合、その瞬間にその人にとっての価値は100円以上になります。ボトルキープの場合、ボトルを買ったときのボトルに対する所有効果が働くとともに、それを預けている飲み屋さんへの愛着も自然と高まります。

お店にとっては継続して来店してもらえるというメリットがあり、お客様にとっては次に行くときに安く飲めるというメリットがあります。このようなお互いにメリットのある、**Win-Winの仕組み**だからこそ定着したのでしょう。

顧客心理

自分の所有物には愛着を感じる

実践 売ったものを預かって保管する仕組みを考えよう

一度売ったものを預かるというのがこの手法のポイントです。銀行に行くのはなぜですか？　たいていは、自分の預金をおろすためですよね。当たり前の話ですが、お金を銀行に預けているからこそ銀行に行く理由ができます。お客様が来店してくれれば、さらに販売促進するなどの行動を起こしやすくなります。

最近ひそかな人気になっているのが、野菜や果物などのオーナー制度。これは小分けにされた農地を一定期間レンタルして、そこでできる農作物をオーナーが収穫するというシステムです。実際に土地や木を売っているのではなく、利用権を売っているところがミソ。所有権を移転するとなると面倒ですが、利用権を細切れに短期で売ることは、比較的簡単にできるでしょう。

千葉県の栄町では黒大豆のオーナー制度を行っており、これが大人気だそうです。6千円で10坪、約60本の黒大豆のオーナーになれて、枝豆なら約20kg、乾燥させた大豆なら約5kgの収穫が期待できます。収穫時にはオーナーなど4千人以上が町を訪れるそうで、町の振興や観光収入など一石二鳥、三鳥の効果ですね。

これはもちろん、さきほどの「所有効果」がはたらいています。自分の畑から取れる豆は、きっと格別のおいしさでしょう。

となりのシャチョーさん

《スキー場運営会社の場合》

とあるスキー場の社長さんと企画部長が、集客アップのためのマーケティング戦略を練っています。

社長　ボトルキープか…。ウチだったら、ボトルの代わりに何を売ればいいんだ？

部長　ウチはスキー場ですよね。だったら、売るんじゃなくてお客さんのスキー板をキープしてあげればいいんじゃないですか？

社長　おおっ、なるほど！　スキー板を毎回持ってくるのは面倒だから、スキー場で預かってあげるわけか！

部長　そうです。スキーヤーとかスノーボーダーは、自分の用具をお持ちの方が多いですよね。そういう人たちに、専用ロッカーをワンシーズン貸すんですよ。

社長　そうか、そうすれば次も絶対ウチに来てもらえるな。
部長　お客さんは荷物が少なくてラクだし、ウチは集客アップが見込める。まさに Win-Winの関係ですよね。
社長　ロッカーの値段はかなり安くしてもいいだろう。繰り返し来てもらえれば、すぐに元はとれる。
部長　さっそく、ロッカー新設の費用を見積もってみます。
社長　今年のマーケティング企画の目玉になるな。頼むぞ！

さらにひと工夫

何かを預けてもらうためには、「ここなら預けてもしっかり管理してくれる」という信頼が前提になります。信頼は一朝一夕に得られるものではないので、地道に頑張りましょう！

トレーニング
12

「ディズニーダラー」の4つの効果
～コミットメントマーケティング～

原則2
今いるお客様を逃がさない

買うことの約束になる

アメリカのディズニーランドでは、施設内だけで使える「ディズニーダラー」という通貨を販売しています。1ディズニーダラーが1ドルで、それがそのまま1ドルの価値をもって園内で流通しています。しかし、特に機能的な価値があるわけでもなく、普通のドル札でも同じように買い物ができるので、わざわざディズニーダラーを発行する必要はないように思えます。

しかし、ロスのディズニーランドでわたしもなぜか買ってしまいました。ディズニーダラーを買うということは、このお金をディズニーランドで使う、ということを宣言しているのと同じことです。他の場所では使えないわけですから。その宣言を、「コミットメント」といいます。こうした限定通貨を買うということは、**その店で買うことをあらかじめ決めてくれる、予約のような意味がある**のです。

人間は自分がよい決定をしたと思いたいものなので、コミットメントをすると、その店に愛着を感じるようになります。さらに、ギフト券として友人や知人にあげたりすると、「わたしのお薦めの店」と宣言することになるので、「ここはよい店だ」という自分の信念がさらに強化されます。

顧客心理 **自分の推薦した店には愛着を感じる**

金券の効果

金券を発行することには、以下4つのメリットがあります。

●資金的なメリット

金券と引き替えに現金が手に入りますから、資金繰りが改善されます。運転資金を銀行から借りている場合には、資金の効率化や財務体質の改善など大きなメリットがあります。また代金の取りっぱぐれがないので、不良債権が発生しません。

さらに、回数券などの前売り券は割り引きする必要がありますが、金券の場合は通常等価交換なので、額面通りの金額を受け取れます。

●死蔵金券の発生

ディズニーダラーの場合、恐らく相当量がおみやげや記念品として持ち帰られるでしょう。それらは使われませんから、ディズニーランドにとっては印刷費だけで大きな利益を上げられることになります。

これは特殊な例ですが、通常の金券の場合でも、発行した金券のすべてが利用されるわけではありません。紛失や期限切れなど、何らかの理由で使われないものが発生します。テレホンカードも、収集用に買われたかなりの量が死蔵カードになっているようです。

●お客様の囲い込み

お客様にしてみれば、すでに金券を買ってしまっている（その店で買うことを宣言している）ので、使わなければ損です。そのため、競合に顧客を奪われることが少なくなります。さらに、顧客のロイヤルティも高まるので、それも囲い込みにつながります。

●新しいお客様の獲得

金券がギフトとして使われて違う人の手に渡れば、そのお客様にも来店していただけます。その人は、あなたにとっての貴重な新規顧客になります。

ポイント 金券やギフト券の発行は、新しい顧客の獲得にもつながる

実践

金券、ギフト券を発行してみよう！

金券やギフト券を買うことによるお客様のメリットをつくりましょう。わかりやすいところでは、金銭的なメリットです。１０００円で１１００円分の券を渡せば、１００円の割り引き。また、ギフト券にプレゼントをつけるのもいいですね。

●デパートの積み立て

多くのデパートでは、毎月1万円を12カ月積み立てると13万円分の商品券がもらえるという積み立て制度を導入しています。これは年利8・3％の超高利回り金融商品。それだけの利息をデパートが払うのは、先述した4つ以外にもかなりのメリットがあるからです。

それは、利子として商品券を発行したとしても、デパート側でかかる費用は卸価格ですむということ。例えば5千円で仕入れた商品に1万円のギフト券が使われれば、実際の費用は5千円で済むのです。

デパートの積み立ては、金券の前払い性から得られる運用益や顧客の囲い込みというメリットをフルに生かした好例ですね。

●トラベラーズチェック

海外旅行の時に便利なトラベラーズチェックも、金券ですね。アメリカに行くときには、現金のドルを買うよりも、トラベラーズチェックを買う方が旅行者にとっては換金率がオトクです。

しかし、銀行に勤める友人の話では、それでも銀行にとってはトラベラーズチェックの方が儲かるそうです。紙切れだから調達コストや保管コストが低いのと、実際に使われるのは販売したかなり後なので、その間にけっこうな運用益を稼げるというメリットがあるのです。

となりのシャチョーさん

《洋菓子店の場合》

ケーキなどを販売する洋菓子店の店員さんが、お客様と話しています。

お客　このお店のケーキ、とってもおいしいわよね。

店員　ありがとうございます。

お客　友達の誕生日祝いにあげたいんだけど、その日用事があるのよ。お金はいま払うから、代わりに届けてくれないかしら…？

店員　誠に申し訳ございませんが、そういうサービスはやってないんですよ。

お客　そうよねえ…。

そのやりとりを聞いていた店長さんが叫びました。

店長　それだ！

思わず振り向く店員とお客様。店長が駆け寄ってきます。

店長　お客様、当店発行のギフト券はいかがですか？

お客　え、そんなのあるの？

店長　いえ、ご要望があればこれから作ろうかと思いまして。それなら、そのギフト券を誕生日プレゼントとしてお友達に渡せますよ。お友達にお店までご足労いただくことにはなりますが。

お客　でも、それなら自分の好きなケーキを選べるから、いいわね、それ。

店長　はい、じゃあ早速つくりますよ。頼んだぞ！
店員　え、わたしがですか？
店長　出来次第お客様にご連絡しますよ。お客さま、アイデアをいただいたお礼として、ケーキを一つサービスします。どれでもお好きなものをお選び下さい。
お客　わぁ、ありがとう！　嬉しいわ。

さらにひと工夫
金券やギフト券を売るには、お客様との間にある程度の信頼関係が必要です。普段から、信頼を得られるようなサービスを心がけましょう！

原則 3

リピート購買を増やす

「リピート購買を増やす」ために

既存のお客様により多く買っていただくというのは、非常に手っとり早い売り上げ増加策です。購買経験のあるお客様は、すでにあなたの会社、あなたの商品、そしてあなたのことを知っており、何らかの価値を認めているはず。それ以上に、愛着を感じてくれているお客様もいるでしょう。ですから、新しいお客様を獲得しようとするよりは、もう一度多く買っていただくほうがたいていの場合ラクなのです。「リピート購買を増やす」ということは、「買う頻度を増やす」ということになります。

あなたにとって、既存のお客様は「売りやすいお客様」です。もし、お客様の顔や名前を知っていれば、声をかけることができます。住所と名前がわかっていれば、案内ハガキを出すことができます。そして、そのお客様がどんな商品を買ったかという購買履歴がわかれば、いろいろなお勧めができます。新しいお客様の場合は、それらを一からしなければならないので大変です。今いるお客様をもっと大切にしましょう。

この章では、バラエティに富んだリピート購買を増やす手法を紹介します。奇をてらっているように見えても、忠実な原理原則に基づいたものばかり。あなたが知っているお客様の顔を思い浮かべながら、読んでみて下さい。

トレーニング
13

タイヤを売るには「ドライブ」を売る
~用途提案による需要創造~

原則3
リピート購買を増やす

レストランガイドの権威

よく「三つ星レストラン」などといわれますが、「星」によるレストランの格付けで有名なのが「ミシュラン・ガイド」です。ミシュランはフランスのタイヤメーカーですが、レストランや旅行のガイドブックも作っています。その歴史はなんと100年以上も続いており、当時は無料で配布されていたそうです。

1900年当時のガイドブックには、

「このガイドブックの目的は、フランスを旅行し、自動車を駐車したり修繕したり、宿泊所を見つけたり、また、郵便、電報、電話などで連絡をするために必要なあらゆる情報を運転者に提供すること」

という序文が掲載されていました。

タイヤメーカーが旅行ガイドブックを発行するのは、ちょっと不思議な気がします。しかし、レストランや旅行に行くのに車が使われタイヤがすり減れば、タイヤの消費が増えます。

つまり、**タイヤを売るにはタイヤをすり減らす、すなわち車により乗ってもらえばいいわけです**。そのために、ミシュラン兄弟は当時発明されたばかりの自動車の使い道を提案するガイドブックを作りました。まさに、慧眼といえるマーケティングセンスですね。

買い手と売り手の知識ギャップ

売る側は毎日のようにその商品と接しているので、詳しい使い方なども当然のように知っています。ところが、特に新しい商品の場合、買い手側はその商品のことなど考えたこともないので、教えてもらわない限り使い方がわかりません。**購買者と販売者の知識ギャップは、あなたが想像しているよりはるかに大きい**のです。

ある商品やサービスをポンと見せられても、どのように使えるか、どんなベネフィットがあるかということは、購買者はあまり自分では考えません。そこで、売り手側から使い方を説明してあげることが重要になります。

顧客心理 **売り手からの提案がなければ、詳しい使い道はわからない**

無理のない用途提案がポイント

　トレーニング01の「機能的ベネフィット」にもある通り、お客様がドリルを買うのはドリルがほしいからではなく、ドリルによって開けられる「穴」がほしいから。逆にいうと、ドリルを売るには「穴」が必要になる状況があればいい、ということになります。

　現実性のない用途を提案しても買い手に無視されてしまいますが、買い手にもメリットのある提案ならば、無理なく売れるWin-Winの仕組みがつくれます。

　ミシュランの場合、お客様はガイドブックによって楽しい旅行というメリットが得られ、ミシュランにはタイヤの買い替えを促進できるというメリットがあります。利用促進の方法に無理がないので、お客様は気持ちよくタイヤをすり減らしてくれます。たとえその時点でミシュランのタイヤを使っていなくても、ガイドブックによってミシュランというブランドが刷り込まれるので、次はミシュランタイヤにしてくれるかもしれません。

ポイント

「どのように使うか」をお客様に教えてあげて、利用を促進しよう！

実践

具体的な用途を提案しよう

用途を伝えるときには、商品を使用する状況のTPOに合わせせましょう。TPOとは、「Time（いつ）」、「Place（どこで）」、「Occasion（どんな場面で）」ということです。ハッキリした用途を提案できれば、お客様が自分の状況に合ったイメージを作りやすくなります。

スーパーマーケットには、料理の本が売っていたり無料レシピがおいてありますね。野菜や肉を売るために、まず料理を売って肉の利用提案をしているのです。

また、すっかり普及した携帯用ビデオカメラですが、まだその存在自体があまり知られていなかったころ、ソニーはズームや録音時間といった性能ではなく、「運動会を記録に残そう」という使い方の提案を繰り返し行いました。今でこそビデオカメラで運動会を撮るのは当たり前のように思えますが、当時はまだそういう使い方が一般的ではなかったわけです。

営業トークでの利用

営業に来られる方の話を聞いていると、売り込むことに必死なため「それをわたしはどう使えばいいの？」と、こちらから聞かなければならない場合が多いです。また、聞いても出てこないこともあります。今度、売り込みに来る営業さんの話を聞いてみてください。もし、使い方に関する具体的な提案があったら、その人は優秀な営業さんです。

となりのシャチョーさん 《家電販売店の場合》

家電販売店の社長さんが、売り上げ報告書を読んでお怒りのようです。営業企画部の社員をつかまえました。

社長　おい、最近ビデオテープの売り上げが落ちてるぞ。どうしたんだ？

社員　さあ…、社長にわからないものがわたしにわかるワケないじゃないですか。

社長　言いわけはそのくらいにして対策を考えろ！　そもそもテープってどう使うんだ？

社員　録画するに決まってるじゃないですか。

社長　じゃあどうすればいいんだ？　いいか、肉を売るにはまず肉料理を売らないとダメなんだぞ。

社員　それどこかで聞いたような…。

社長　いいから！

社員　はいはい。

社長　「はい」は一回でいい！

社員　はいは…、いえ、はい。えーと、ビデオテープを売るには……。あ、ＴＶ番組の録画を売りましょう！　ＴＶ番組表をテープ売場に張って、「この名作はテープに録画して保存しましょう！」という感じで、オススメ番組を知らせるというのはどうですか？

社長　（コイツ、憎たらしいけどいいアイデアを出すな）いいじゃないか。さっそく全店に指示しろ！

社員　はあい。

社長　「はい」は短く！

さらにひと工夫

使い方の提案にとどまらず、使ったときの気持ちよさ、優越感などの「感情的ベネフィット」（トレーニング19）まで伝えられれば最高ですね。

トレーニング
14

買い換えを促進する「ウィンドウズ」

～計画的陳腐化～

原則3
リピート購買を増やす

2年に一度の買い換えを促進

マイクロソフト社の基本ＯＳであるウィンドウズは、ブレークした「３・１」、社会現象になった「95」、さらに「98」、「Ｍｅ」、「２０００」、そして「ＸＰ」へとバージョンアップを繰り返してきました。そのたびに機能を向上し、買う理由をつくって買い替えを促進しています。その戦略には賛否両論あるかもしれませんが、最初の「３・１」に比べて最新の「ＸＰ」の方が格段に便利なのも事実でしょう。

こうして膨大な買替需要を喚起したマイクロソフトは、ソフトウエア業界に一大帝国を築き上げました。ちなみに、「３・１」の発売が１９９2年ですから、約2年に一回の割合でバージョンアップしていることになります。最新版を使いたいユーザーは、その度にお金を払うことになるわけです。

心理的な製品寿命は、物理的な製品寿命より短い

これは、「まだ使えるから買わなくてもいいや」と考えているユーザーに、「まだ使えるけど、古いから新しいのを買おう」と思わせる手法です。商品を古いと感じる「陳腐化」を意図的に行うことから、「計画的陳腐化」と呼ばれます。これには、**「心理的陳腐化」**と**「機能的陳腐化」**の二つがあります。

心理的陳腐化の典型的な例が自動車。最近の自動車は性能が向上しているので、10年間くらいは普通に使えるはずです。わたしも10年落ちの中古車に乗っていたことがありますが、十分走りました。東南アジアやロシアなどでは、日本の中古車を輸入してさらに長い間使用しているようです。しかし、自動車メーカーは4～5年を1サイクルとしてモデルチェンジを繰り返しています。**物理的には10年以上使えるところを、心理的な感情に訴えて寿命を5年で終わらせる**わけですね。

機能的により優れた商品が出れば、それを使いたくなります。より早い、より使いやすい新商品は、自分に大きなメリットを与えてくれるような気にさせてくれるからです。また、人間には人によく見られたいという心理もあります。確かに、ニューモデルが出て自分の車が「旧モデル」と呼ばれたらイヤですよね。「旧モデル」の車に乗っていると、自分まで「旧人類」と思われることを恐れるのではないでしょうか。

日本人にはこの傾向が特に強いようです。米国ではあちこちへこんだ20年くらい前の車が平気で走っていますが、日本ではまず見かけません。

顧客心理

「人より遅れるのはイヤ」と考える人はまだまだ多い

一目でわかる変化をつける

機能的陳腐化をさせる際には、何か一つ新機能を付け加えればいいのです。もちろん、お客様が希望している新機能が理想。心理的陳腐化を狙うときは、機能は何一つ変えなくてもいいので、少し見た目を変える、デザインを変えるなどの工夫をしましょう。もちろん、今のものより新しく、カッコよく見えるようなデザインでなければ逆効果です。

その両方を組み合わせると、だいぶ「変わった感」が出てきます。新機能がついて、さらに見た目が変わるわけですから。

買替需要の拡大

製品の心理的寿命を早めることは、購買頻度の向上につながります。**10年使える車を5**

年で買い換えてもらえれば、売り上げは2倍になるのです。

また、**買い替えサイクルが5年から4年になるだけでも、売り上げは25％も伸びる**ことになります。20年単位でみると、

- **寿命が5年＝4回の売り上げ**
- **寿命が4年＝5回の売り上げ**

ということになるからです。

ポイント　**ユーザーの心理面に訴えて、商品の買い替えを促進しよう！**

実践　使用中の商品を、機能的または心理的に「古い」と思わせよう

モノ余りの現在、ほとんどの製品やサービスが売れるのは、すでに持っているものの買い換え需要によります。そこで、その買い換えを促進するために、**「今持っているものは古い」と思わせる**ことがポイントです。

●マイクロソフトとインテル

マイクロソフトが高機能なオペレーション・システム（ウィンドウズ）を次々とリリースし、インテルはそれを受け止める高速なCPUを開発する。両社の猛スピードでの機能向上（計画的陳腐化）によって、IT業界は目覚ましい進歩と莫大な売り上げを実現してきました。ソフトウエアには、物理的な意味での寿命はありません。それでも、マイクロソフトは新機能を搭載することで陳腐化を促進し、買い換え需要を生み出してきました。

もちろん、進歩の早いIT業界では絶えざる技術革新が必要ですから、最初から陳腐化を目指していたというわけではないでしょうが。

●家電製品

家電製品も陳腐化を繰り返してきました。ちょっと見渡すだけで、テレビ（フラット、ハイビジョン、液晶、プラズマ）、ビデオ（S-VHS、ハードディスク一体型）、掃除機（サイクロン、コードレス）などなど、本来なら一度買えば10年は使えるところを、数年単位で新しい製品を出して買い替えを促進しています。

また、CDはレコードを、MDはカセットテープを、DVDはビデオを機能的に陳腐化させた技術ともいえます。

モノだけでなく、サービスの場合も同じです。5年契約のサービスを提供している場合でも、途中の3年目により高機能な（そして高価格な）サービスを導入して、アップグレードを促す事もできます。

パンドラの箱

次から次へと製品開発を行う能力（企画力・生産ライン変更力など）がある企業には非常に有効なテクニックですが、逆にいえば、それが弱い企業では自分の首を絞めることになってしまいます。

これを一度始めると、後戻りはできません。売る側としては買い換え需要を見込んだ利益計画を立てるでしょうし、買う側としては「新しいのはいつ出るの？」と思うようになるからです（競合企業がいなければ大丈夫ですが）。また、環境に負担をかけるような買い替えは、対策を考えておくことも必要です。次から次へとモノを捨てさせるようなマーケティングは環境にもよくないし、消費者の反発があるかもしれません。

となりのシャチョーさん

《紳士服店の場合》

ビジネススーツなどを扱っている紳士服店の店長さんが、店員さんに話しかけています。

店長　この数カ月売り上げが落ちてきてるんだけど、お客さんの入りはどうなんだ？

店員　来客数自体はそんなに変わらないと思いますが、見るだけで帰られるお客様が増えているように感じます。

店長　そうか。ところで、これ使えないか？（本を手渡す）

店員　なるほど、計画的陳腐化ですか…。ウチでも応用できそうですね。

店長　お？　一体どうするんだ？

店員　今着ているものは時代遅れ、って思わせればいいんですよね。それなら、「今はやりのスーツをお召しになっていますが、今年の後半ごろからこういうトレンドに移っていきそうですよ」というセールストークにするのはどうでしょう？

店長　なるほどな。「今お召しのものは古いです」って言うと気を悪くするだろうけど、それくらいの言い方ならいいかもしれない。新しいファッションを先取りしましょう、ということだな。よし、早速みんなで試してみてくれ。

店員　はい！

さらにひと工夫

新商品を出すときには、買い替え促進戦略まで考えておきましょう。それには、お客様にまたコンタクトできるような仕組み（住所やメールアドレスなど連絡先を聞いておく）を作っておくことが必要です。

トレーニング 15

毎年一度は買ってもらえる「恵方巻」
～イベントマーケティング～

原則3
リピート購買を増やす

イベントで楽しさを提案する

節分の日に恵方（神様がいる方角）を向いて、切れていない（縁が切れない）太巻きを食べると幸せになる、というゲンかつぎから始まった「恵方巻（えほうまき）」。最近では全国的な広がりを見せつつあるようで、寿司屋やコンビニ、スーパーなどでも売り出していました。起源については諸説ありますが、20年くらい前から大阪の海苔組合が節分のイベントとして宣伝していたのを、マスコミが取り上げたのが最近の流行のきっかけのようです。「包丁を入れない一本の寿司は縁を切らない」、というなかば強引な縁起かつぎは、家族全員分の太巻きを売るための方便にすら聞こえてしまいます。

恵方巻といっても単なる太巻きなのですが、それに縁起物という付加価値を加えると、家族そろって喜んで買ってもらえるのです。

ポイント

理由や付加価値を加えて、イベントを提案しよう！

ハレの品は高価格に設定できる

現在の消費者は、常にハレ（非日常的なイベント）を求めています。物理的に欲しいものはたいてい手に入れているので、何か楽しいことはないかといつも探しているのです。そこで、売り手側から積極的にイベントを提案してあげれば、喜んでそのイベントや楽しさを消費します。

節分の豆まきもその意味ではイベントですが、まいた豆を掃除するという面倒がつきまといます。わたしの考えでは、食べるだけという手軽さにお母さんたちが飛びついたのではないでしょうか。

このようなイベントが広く定着するとその分だけ消費が増えるわけですが、それに加えて、**縁起物は価格を高く設定できる**というメリットもあります。恵方巻は普通の太巻きよりも少し高めに価格設定されていますが、縁起物なので「高いからやめよう」ということにはなりません。それどころか、売り切れだった場合でもそれを求めて他店に行く、という人すらいます。

顧客心理 **消費者はハレ、楽しさを求めている**

実践

イベントの「仕掛け人」になろう！

イベントはアイデア次第で作ることができます。あなたのビジネスに関連のある故事などがあれば一番簡単ですが、ほかにも季節や記念日など、イベントのタネはいろいろとあります。

●一般消費者向け

ボジョレー・ヌーボーのように、ワインの解禁日だというだけで一大イベントとして定着した例もあります。一過性のブームではないかといわれていましたが、現在では11月の風物詩としてすっかり定着しました。ワインなら夫婦で飲んだり友人を集めてイベントとして盛り上がることもできるので、コミュニケーションの手段として定着しやすかったのでしょう。

また、夏の風物詩「土用の丑（うし）の日」を考え出したのは、幕末の万能学者、平賀源内だといわれています。夏は暑くてうなぎが売れないと近所のうなぎ屋に相談された彼が、「土用の丑の日、うなぎの日」と書いた紙を張り出したところ、大繁盛したことがきっかけだとか。

バレンタインデーのチョコレートも、1958年に株式会社メリーチョコレートカムパニーが、「女性から男性にチョコを贈ろう」というキャンペーンを始めたことからです。

●法人向け

会社対会社のビジネスでも、同じ手法が使えます。例えば、自社と初めて取り引きが発生した日を「お取り引き〇〇周年記念日」と定めて、社員数名でお客様のところに伺うということができますよね。

ある機械メーカーでは、機械を納品した日を「機械のお誕生日」と定めています。アフターサービスとして機械の点検をしてあげるので、お客様にとても感謝され信頼が非常に高まったそうです。

となりのシャチョーさん

《和菓子屋の場合》

夫婦で経営する和菓子やのご主人が、売り上げ向上について奥様に話しかけています。

主人　なあ、ウチでもイベント提案できないかな？

奥様　ウチじゃあ無理だね。

主人　なんでそう決めつけるんだ？

奥様　和菓子のイベント提案なんて、今どきの若い人には受けないよ。
主人　別に若い人って決めつけなくてもいいだろ。
奥様　そういえば、わたしのお母さん、今年は米寿の祝いだよ。
主人　米寿といえば、米。和菓子で米といえば、おはぎがあるな。おはぎの由来なんてあったっけなあ…。
奥様　そういえば、こないだあずきの健康効果っていうのを新聞で読んだよ。ポリフェノールには抗酸化効果とかいうのがあって、老化防止になるみたい。
主人　それだ！「米寿には、米にちなんでおはぎを食べましょう。しかも老化防止になります」。ぴったりじゃないか！　米寿のおはぎ、さっそく店頭で提案しよう！
奥様　じゃあ、ポスターでも書こうかしら。
主人　おお、健康効果も忘れずにな！

さらにひと工夫

商品自体を変える必要はありません。必要なのは、ちょっとのアイデアです。気楽に、みんなでお酒でも飲みながら考えてみましょう。

トレーニング
16

消費を促進する「液体石けんボトル」

～単位当たり消費量の拡大～

原則3
リピート購買を増やす

一回当たりの使用量を増やす

最近は、手を洗うのにボトルに入った液体石けんがよく使われるようですが、昔はすべて固形石けんでしたよね。学校などでは、オレンジ色のネットに入ったものが水道の蛇口にぶら下がっていたのを覚えています。

ボトルに入った液体石けんはワンプッシュで出てくるので確かに楽ですが、時に必要以上の量が出てきてしまいます。しかし、これに慣れてしまうと、少ない量の石けんや固形石けんではよく洗えていないような気にさえなってしまいます。わたしたちは、いつの間にか石けんをより多く使うよう仕向けられているといえるのです。

マーケティング用語では、これを「単位当たり消費量（Unit Consumption）の拡大」などといいます。簡単にいうと、**商品が一回に使われる量を増やす**ということ。ボトル中の石けんの量は一定なので、一回当たりに使われる量が増えれば、なくなるのもそれだけ早くなります。

顧客心理 **使いやすさに慣れると後戻りはできない**

複利で効く効果

液体石けんボトルの仕組みを、もう少し考えてみましょう。石けんの総使用量は、

使う頻度×一回当たりの使用量

によって決まります。液体石けんボトルは、この両方をうまく増やしています。ワンプッシュという使いやすさで手を洗う頻度を向上させ、十分すぎるほどの石けんを出すことで一回当たりの使用量を増やしているのです。早く消費されればそれだけ買い替え頻度も高まるので、当然より売れるようになりますね。

さらに、この効果は複利で効いてきます。手を洗う頻度が30%増加し、一回当たりの石けん使用量が30%増えれば、1・3×1・3＝1・69で、なんと約7割も消費量が増大します。

利用者にとっては使いやすい、メーカーにとってはたくさん使用されるというWin-Winの関係がここでも成り立ちます。

ポイント 単位消費量を増やして、買い替えサイクルを早めよう

実践 使いやすくするような機器を作ろう

石けんを使うかどうかは、ほぼ無意識のうちに瞬間的に決められます。使いやすければ使いますし、面倒であれば使いません。この「手間」や「面倒さ」が与える影響は無視できないものなので、使う際の障害を減らす方法を考えましょう。

一つの手法が、そういう機器を作ることです。液体石けんのボトルは、あのようなプッシュ式の機器が使いやすくしているわけです。似た例が、よくトイレにあるペーパータオルの取り出し器。1枚ペーパータオルを取ると、自動的に次の1枚が出てくるアレです。もしペーパータオルが山積みになっていたら、取りにくいので使わないかもしれません。

「一回当たり」を多くする

1回に使う量が10だとしたら、それを20、30に増やす方法を考えましょう。「味の素」

は日本の誇るロングセラー調味料ですが、売り上げを伸ばすために、内ぶたの穴を大きくして中身を出やすくしました。非常に有名な話ですが、どうやら実話らしいです。
また歯みがき粉のＣＭでは、大量の歯みがき粉を歯ブラシに付けていますよね。あんなに付けなくても十分歯はみがけるのですが、メーカーとしては一回当たりの消費を増やしたいわけですね。「たくさんつけないとみがいた気がしない」という人もいますが、このＣＭに影響されたんでしょうか？

となりのシャチョーさん《居酒屋の場合》

居酒屋の店長さんが、売り上げ向上策について店員さんと何やら相談中です。

店長　なあ、液体石けんボトルの話、面白かったな。
店員　ええ、あんな秘密があったとは知りませんでしたよ。
店長　そうなんだよ。それでさぁ…。
店員　うちの店に使えるかどうかってことですよね。食べ物の場合、一口で食べられ

店長　る量を増やすってことになりますかね…。難しいなぁ。
店員　ええ。
店長　一口で思い出した。サイコロステーキってあるだろ。
店員　サイコロのサイズを大きくすればいいんじゃないか!?
店長　なんかセコくないですか？　しかも、それじゃ単にサイコロの数が減るだけじゃないですか。お客様にメリットはあまりないような…。
店員　文句言うならお前も考えろ！
店長　（意見しただけなのに…）あ！　店長、こういうのはどうですか？
店員　何だ？
店長　ビールの大瓶って、やっぱり最初はみんな注文しますよね。そのグラスを大きくするんですよ！
店員　そうか！　すると一杯の量が増えるわけだ。
店長　最初の一杯って、一気に飲む人が多いですよね。その一杯の量を少し増やすことができれば、ビールの注文が増えるかもしれません。
店長　一回の量を増やすために、容器の方を大きくするって寸法だな。

店員　そういえば、ビールのＣＭに出てくるグラスってやたら大きいですけど、そこまで考えているのかもしれませんね

店長　なるほどな。あと、料理でも応用できるかも考えておけよ。

店員　…はあい。

さらにひと工夫

この手法に、次の「残量通知による買い換え促進」を組み合わせることができれば、さらに効果的です。

トレーニング
17

再購買を促す「ティッシュのピンク紙」
～残量通知による買い換え促進～

原則3
リピート購買を増やす

残量を知らせる仕組み

たいていのお宅では箱入りのティッシュペーパーを使っていると思いますが、どんどん使っていくとピンクなど違う色のティッシュが出てきますよね。ご存じの通り、これは残り少なくなっていることを知らせるためのものです。これを見たら、ユーザーは「まだ買いおきあったかな？　なかったら買わなきゃ」と考えます。

ティッシュのように継続的に利用する商品は、突然なくなると困ってしまいますが、かといって残量をいちいちチェックしているわけではありません。ピンクの紙は、**残り少ないということを知らせて購買を促してあげる仕掛け**なのです。

ポイント

残量が少ないことを知らせてあげよう

「空白の時間」を減らす

もしティッシュの買い置きがなければ、トイレットペーパーで代用したりしますね。その間、あれば使われるはずだったティッシュが使われないので、機会損失が発生します。本来あったはずの売り上げが、他の商品に奪われてしまうのです。

仮に、一箱のティッシュを20日で使い切るとします。1日使われなければ、単純計算で1／20＝5％の売り上げを失うことになります。10日で使い切る家庭であれば、1日使われないだけで何と売り上げの10％を失ってしまうのです！

このように考えると、「空白の時間」がどれだけ売り上げに影響するかわかるでしょう。また、商品利用のつなぎの期間を失わないようにすることは、原則2 **今いるお客様を逃がさない**という観点からも非常に大切なのです。

実践 「残量わずか」を知らせてあげよう！

商品の残りが少ないことを知らせてあげる仕組みを作りましょう。継続的に使用する商品などに有効です。

●浄水器

わたしが以前使っていた浄水器は、フィルターが汚れると買い換えのタイミングを教えてくれるので便利でした。最近では、有効期限がわかりやすいというのをセールスポイントにしている浄水器も多いようですね。

●プリンターのインク

年賀状などをパソコンとプリンターで印刷している方も多いと思いますが、インクが少なくなるとそれを知らせる表示が出てきますよね。これはもちろん、予備のインクを早めに買ってもらうためです。表示が出てからもしばらくは印刷できますが、きっとメーカーもこの表示を早めに出しているのではないでしょうか。

●レシートの感熱紙

お店のレシートやファックスの感熱紙は、残り少なくなってくると外側に赤い線がついた紙が出てきます。これが出てくると、ファックスの感熱紙の買い置きを調べます。これはティッシュの例とほぼ同じですね。

●定期購読誌の更新通知

わたしは相当な数の雑誌を定期購読していますが、購読期間が終わりそうになると「更新してください」というはがきが送られてきます。

また、いつ切れるか分かりづらいものの代表が「乾電池」です。なぜか一番必要なときに切れるものですよね。もし色で残量を教えてくれるような電池があれば、バカ売れするでしょう。

となりのシャチョーさん《印刷屋さんの場合》

個人向けに名刺の印刷などを行うお店の店長さんのところへ、店員さんが飛び込んできました。

店員　（本書を手渡して）店長！　これ、ウチでも使えませんか？

店長　これって…、ウチでいえば名刺の残量を知らせるってことか？

（バタン、どたどた…）

店員　今は、名刺ケースの一番下に電話番号なんかを書いた紙を入れてますよね。それを、一番下じゃなくて残り10枚くらいのところに、名刺と同じサイズの赤い紙を入れるんです！　「もう残りわずかです。名刺が切れる前に当店にご注文を！」とか書いて。

店長　なるほど。お客様にとっては名刺を切らす心配がなくなるし、ウチは次回の注文を早めにもらえるわけか。

店員　「コロンブスの卵」的発想ですよ。紙の位置を変えるだけだから費用もかかりません。

店長　よし、早速試してみよう!

さらにひと工夫

ティッシュや名刺などの消耗品は、買い換えの際に他社製品との競合が発生します。そのタイミングを見計らって、お客様を囲い込む努力が重要です。

トレーニング18

「麺固め、味濃いめ」でお客様ごのみに
～マスカスタマイゼーション～

原則3
リピート購買を増やす

味が調整できるラーメン屋

日本的国民食、ラーメン。わたしも大好きです。よく行く店ではネギ、煮玉子、もやし、チャーシューなどのトッピングが追加できて、さらにスープの脂の量、味の濃さ、麺の固さも選べます。わたしはいつも麺固め、脂多め、味濃いめ、という体に悪そうなパターンで、もやしをトッピングします。スープや麺という基本パーツは同じでも、トッピングや味を調節するだけで、自分の好みに合った「オリジナルラーメン」になるのです。

この手法は、「マスカスタマイゼーション」と呼ばれています。製品の生産方法は、注文に応じて作る注文生産と規格型大量生産に大別されます。注文生産はお客様の細かい好みに応じられる一方、効率が悪いためコストや時間がかかります。また、大量の注文には対応できません。逆に大量生産は、柔軟性がないため個々のお客様の要望には応えにくいですが、安くたくさん作れます。

マスカスタマイゼーションは、**注文生産と大量生産のいいとこ取りを目指した手法**です。

ベースは大量生産にして、比較的単純な生産工程を個別注文にすることで、個々のお客様の好みに合わせたものを大量に作るのです。大量（マス）のお客様の好みに合わせて（カスタマイズして）注文を受けることから、「大量の注文生産」と言い換えることができます。

ポイント　生産工程の一部を柔軟にして、お客様ごとの好みに合わせよう

マスカスタマイゼーションのメリット

お客様の好みはさまざまですが、商品の種類（選択肢）を増やして「わたし好み」を提供することができれば、お客様をリピーターにできます。好みはお客様自身が最もよく知っていますから、お客様に注文していただくのが一番です。

商品の種類を簡単に増やせるということも、マスカスタマイゼーションの大きなメリットです。ラーメン屋で、麺の固さ5種類と脂の多さ3種類、味の濃さ3種類に対応できるとすると、これだけで45通り。これにトッピングを組み合わせれば、何千通りもの注文に応じられます。メニューとして書いてあるわけではありませんが、お客様にとってはメニューが増えたのと同じことです。

これと同じモデルなのが宅配ピザや立ち食いそば。宅配ピザには何十種類ものメニューがありますが、ピザの生地は共通で、上にのせるトッピングを変えているだけ。立ち食いそば屋も、狭いスペースなのにたくさんのメニューがあるように見えますが、キツネなら油揚げ、タヌキなら揚げ玉と、最後に何かをのせるだけですね。

作るプロセスは、お客様にとっては関係ありません。工程にほとんど違いがないとしても、天ぷらそばと月見うどんは違うメニューなのです。

実践　生産工程を大きく変えずに、個別の好みに対応する方法を考えよう

この手法を使うにあたっては、生産工程をあまり大きく変えないようにしましょう。**生産工程へのインパクトは小さく、お客様へのインパクトを大きく**。これが、この手法を成功させるポイントです。

ラーメン屋の場合は、麺の種類を変えると在庫管理などが面倒になりますが、ゆで時間によって麺の固さを変えるのは大きな変更ではありません。立ち食いそば屋の場合は、最後にてんぷらをのせたり卵を落としたりするだけですね。

実は、この手法は身の回りの商品で結構取り入れられています。例えば自動車の場合、ボディの色、内装、タイヤ、オプションパーツなどを細かく選択できます。それによって、「自分のための一台」になるわけです。スーツのイージーオーダーも、基本的な型は同じでもお客様ごとにサイズ調整をすることによって体型に合わせます。

この手法を取り入れて大成功したのが、パソコン通販のデル。パーツやメモリー、CPUを選んで好みの一台にできることが、顧客のニーズに合ったわけです。

マスカスタマイゼーションを導入していない商品や業種にそれを取り入れると、業界を変革するほどの効果が得られるという好例です。

となりのシャチョーさん

《文具店の場合》

お店の差別化に悩んでいる文具店の店長が、本書を読んで店員さんに話しかけています。

店長　なあ、何とかうちの店でもマスカスタマイゼーションを応用できないかなあ。

店員　うーん、でもウチは文房具屋ですよ。別に何か作っているわけじゃないから、値段とかサービスで差別化するしかないんじゃないですか？

店長　そうかなあ…。でも、お客様それぞれの好みに合わせる方法が何かあるはずだ。

店員　あ、そういえば、前にシールをまとめ買いしていたＯＬさんがいらっしゃったので、好奇心で聞いてみたんです。何に使うのか。

店長　おお、そしたらなんだって？

店員　会社で使うペンなんかに貼るんですって。「これはわたしもの」っていう印にするそうです。会社だとみんな同じような文房具を使っているから、自分の机から持って行かれるとどれが誰のかわからなくなるみたいです。

店長　それだよ！　文具をお買いあげいただくごとに、お好きなシールを１枚差し上げればいいんだ！

店員　なるほど！　でも１枚だけだと「自分用」の印にならないですよね。

店長　そうか…。じゃあ、千円以上お買いあげいただくごとに１シートにしよう。何種類か用意して、お客様に選んでもらうんだ。同じシールをペンとかホチキスとか自分の文具に貼っていただけば、自分のってわかるよな。

店員　文房具をカスタマイズするための道具を提供する、ってことですね。

店長　ただシールを渡すだけじゃわからないかもしれないから、「このシールをご自分の文具に貼れば、誰かが持って行っても安心！」って教えてあげないといけないな。

店員　そうですね、さっそくポスターを作りますよ。文房具屋でカスタマイズなんてできないと思ってたけど、そういう方法もあるんですねぇ。

さらにひと工夫

一番柔軟な生産工程は「人」です。機械でやろうとすると大変かも知れませんが、最後の仕上げの工程だけ人間がやれば、商品の見せ方をガラリと変えることができるかもしれません。

原則 4

商品単価を上げる

「商品単価を上げる」ために

世の中は、値下げ値下げの大合唱ですね。確かに安くすれば一時的に売れることはありますが、値下げは劇薬です。それ自体が、「この商品は前の値段では売れなかった」というメッセージをお客様に伝えることになるからです。そうなると、お客様は「もう少し待てばもっと下がるかな?」と考えるので、さらに買い控えます。値下げというのはたいていの場合根本的な解決策にはならず、いたずらに安売りイメージを与えるだけです。

営業マンはよく「うちの商品は高いから売れない」と言います。しかし値下げして売れたとしても、それは営業マンの力量ではないですよね? 一方、競合他社の営業マンは、「うちの商品は安いけど品質が悪いから売れない」と言うことが多いのです。

結局は「価値」なんです。お客様にとっての価値が高ければ、値段が高くても、行列してでも買ってもらえます。以前はわたしも値上げは難しいと思っていましたが、実は、価値さえあれば値上げというのは意外とできるものなのです。この章では、価値をキーワードにおいたトレーニングを収録しています。「自分の商品がお客様に与える価値とは何か?」と考えながら読んでみてください。

トレーニング
19

「いつかはクラウン」
～感情的ベネフィット～

原則4
商品単価を上げる

「価格」と「格」

1987年にトヨタから発売された8代目クラウンのキャッチコピーは、「いつかはクラウン」でした。印象に残るコピーだったので、覚えていらっしゃる方も多いのではないでしょうか。

このコピーの伝えたいメッセージは、「クラウンは、『いつか偉くなったら乗りたい』とだれもがあこがれるほどの車ですよ」ということ。「高級」というキーワードを、間接的な表現で巧みに伝えていますね。

当時は、「カローラ」→「マークⅡ」→「クラウン」という序列が確立されていて、収入が増えるにしたがって乗り換えていく人も多かったはずです。性能にも違いはあるでしょうが、なぜこのような序列があるのかといえば、自動車に付随している**「格」が買い手にとって重要**だからです。

商品やサービスを購入する理由は、機能的な価値があるからというだけではありません。

クラウンを買う人は、**機能だけではなくステータスや名誉といった感情も同時に買っている**わけです。これを、トレーニング01の機能的ベネフィットと反対の意味で、「感情的ベネフィット（Emotional Benefit）」と呼びます。

高級品ほど「感情」の割合が多い

食事を例にとると、機能的なベネフィットは「栄養」です。感情的ベネフィットは、家族との食事であれば「団らん」、恋人との食事であれば「ロマンチックな時間」でしょう。同じものでも、人によって、また訴求の仕方によって解釈が違うのです。

また、高級ブランド品が好きな方は多いですが、中でもルイ・ヴィトンのバッグなどは定番ですね。バッグの機能的な価値は、物を入れて運べるということ。しかし、ただの入れ物に数十万円も払うのは、「ヴィトンを持ってるわたしはイケてる。そんなわたしが好き」という気分も買えるからです。そして、値段が高い商品ほどこの感情的ベネフィットの割合は高まります。

この感情的ベネフィットが機能的ベネフィットと違う点は、**感情は数字で計測できない**ということです。洗剤の機能的ベネフィットは洗浄効果ですが、これは何らかの形で直接測定できます。しかし感情的ベネフィットがもたらす「喜び」や「名誉」は、直接計測できません。アンケートなど別の指標に置き換えて計測することになります。

機能的ベネフィットだけしかない商売では、必ずといっていいほど価格競争に陥ります。機能に差がなく感情にも影響を与えないとすれば、残るは価格しかないというわけですね。牛丼屋やパソコンなどがいい例で、必然的に薄利多売を強いられます。

感情的ベネフィットのある商品の利点は、「これでなければダメ」という指名買いになるので、価格に対する抵抗が低くなるということ。人間は、自分をよく見せるためであればお金に糸目をつけない、ということに思い当たるフシはありませんか?

ポイント **感情的ベネフィットに訴える商品は、高価格に設定できる**

実践 お客様にとっての価値をもう一度考えよう!

よい感情の種類だけ感情的ベネフィットはあります。ある意味無限なのですが、典型的なものとしては以下のようなものです。

●**名誉・権威**

「ルイ・ヴィトンは高級品。だから、ヴィトンを使っているわたしも高級」。「ベンツやクラウンは高級車のシンボル。だからそれに乗っているわたしも高級な人間」。というように、人間は商品の権威を自分に取り込みます。

●**優越感**

洋書や英字新聞を小脇に抱えて歩いていると、ちょっと誇らしげに感じるときがあります。「自分は英語ができる」というのを暗黙のうちに主張しているわけですね。

●**特別扱い**

自分だけ特別扱いしてもらえれば嬉しいはず。飛行機のファーストクラスでは、「○○さん、お飲み物は何にしますか?」と名前で呼びかけてもらえるらしいですが、それは特別扱いされることの効果を航空会社がよく知っているからです。

●**楽しさ**

ＢＭＷのキャッチコピーは、「駆けぬける歓び」。運転する楽しさや気持ちよさですね。それもさらにいえば、「運転する楽しさを味わえるＢＭＷに乗っているカッコイイわたしが好きだ」ということですね。

●上品さ

ネクタイの販売員さんから聞いた話なのですが、ネクタイを売るときの殺し文句は「こちらのネクタイが上品ですよ」だそうです。これも、「上品なネクタイを買う上品なわたしが好き」と思わせるテクニックですよね。

挙げていけばキリがないです…。これらを自社の商品で考えてみて、お客様に訴えればよいのです。

品質の裏付けが必要

機能的ベネフィットと同じように、これもどんな商品やサービスにも応用できるテクニックです。何か理由を見つけて、「この商品を買ったあなたは偉い！」と伝えればいいのですから。たとえ洗剤でも、「この洗剤を使っているあなたは子供思い」と言えます。ただ、あまりやりすぎるとあざとく見えるので要注意。

また、ルイ・ヴィトンは高価格ですが品質もしっかりしています。クラウンもそうですね。低品質の商品に無理やり価値をつけようとしても、長期的には反発を招きます。口先だけでごまかせるほど、今の消費者は甘くありません。商品の品質を上げることも当然重要です。

となりのシャチョーさん

《ディスカウントショップの場合》

ディスカウントショップの店長さんが、店員さんと話しています。

店長　なあ、ウチにいらしているお客様は、どんな気持ちで買いにくるのかなあ？

店員　気持ちも何も、安いからくるだけじゃないんですか？

その横を、奥様たちが通り過ぎていきました。

「こういう安い所で買い物するわたしたちって、生活上手よねー」

「そうよ、どうせ同じモノなら安い所で買う方が賢いわ」

店員　店長！

店長　そうか！　ウチで買う人は賢いんだ。

店員　ウチの買い物袋や広告では安いことしか強調してませんが、「賢いアナタはここで買う！」と入れましょう。

店長　そうだな。店内放送でもそれをアピールしよう。そうすれば、「他店で買うのは賢くない」ってことになるから、ウチに来ていただける回数が増えるかもしれないぞ。

店員　感情的ベネフィットって、ウチみたいな店にもあるんですねえ。

さらにひと工夫

ベネフィットという非常に基本的な話ですが、マーケティングで最も重要なテーマの一つです。「感情的ベネフィット」と「機能的ベネフィット」。自社の商品で両方のベネフィットをきちんと訴求できているかどうか、もう一度チェックしてみてください。お客様や第三者にヒアリングしてみると、さらにいいですね。

トレーニング
20

客単価が上がる「1500円ランチ」
～プライスゾーンの引き上げ～

原則4
商品単価を上げる

あるレストランで昼食をとったときのこと。１２００円のハンバーグランチを注文したのですが、食事が終わりレジで会計するときになって「あれ、ランチで１２００円は高かったかな」と感じたのです。オーダーするときには、そうは思わなかったのですが…。

その店のメニューは、このようになっていました。

３種類のランチメニュー

- **ステーキランチ……………１５００円**
- **ハンバーグランチ…………１２００円**
- **パスタランチ………………１０００円**

１５００円のステーキランチに比べた場合、わたしの頼んだ１２００円のハンバーグランチがそれほど高くは見えなかったのです。しかし、もしメニューが１２００円のハンバーグランチと１０００円のパスタランチだけだったら、多分１０００円のパスタランチを選んだでしょう。

つまり、**１５００円のランチの存在がわたしに１２００円のランチを選ばせた**のです。

コントラスト効果

最初に1000円のランチを提示されて、その後1200円のランチを提示されると、200円分高くなったと感じます。しかし、最初に1500円のランチを提示された後には、1200円のランチは相対的に安くなったような気がするのです。人間は、**最初の提示額と次の提示額との変化に、敏感に反応**します。

このように、比較によって同じ値段のものが高く見えたり安く見えたりすることを、「コントラスト効果」といいます。

特に欧米人との交渉では、最初に法外な値段を提示されることがあります。100万円で売るつもりのものを、最初に「500万円だ!」とふっかてくる。交渉で150万円まで下がればかなり安くなったように感じられるので、あなたはそれで買ってしまうかもしれません。ところが、相手にとっては150万円でも大成功の交渉なのです。

わたしが留学したペンシルバニア大ウォートン校でも、交渉に関するコースがありました。そこでは、相手を怒らせないギリギリの、自分にとって極めて有利な価格提示から交渉を始めることが、テクニックの一つとして教えられています。

顧客心理 **意志決定は最初に見た商品に左右されやすい**

プライスゾーンの引き上げが客単価を上げる

商品の価格帯を「プライスゾーン」といいます。

- **上にぎり3000円**
- **並にぎり2000円**

寿司屋でこの2つしかメニューがないとすると、プライスゾーンは2000円～3000円で、3000円の上にぎりは高く感じます。しかし、そこに4000円の「特上にぎり」を加えれば、3000円の上にぎりは相対的に安く感じられるのです。

こうしてプライスゾーンが2000円～4000円に上がると、それに応じて客単価も二つの理由で上がります。一つは、4000円の特上を頼む人が出てくるということ。いくら特上が高いとしても、中には付加価値の高い商品を欲しいという人が必ずいるはずです。

そしてもう一つは、2000円の「並」を頼むはずだった人が、「コントラスト効果」によって3000円の「上」を頼むようになるということ。つまり、高価格商品による利益だけでなく、全体の客単価まで引き上げてくれるという効果が期待できるのです。

購買抵抗が減り、ブランド力は向上

高価格商品をメニューに加えることには、ほかにも利点があります。まず**購買に対する**

抵抗感が減ること。高額商品を買うときには、「こんな高いものを買ってしまっていいのだろうか…」という罪悪感がつきまといます。例えば、30万円のロレックスを買おうと思っていても、なかなか踏み切れるものではありませんよね。しかし、そこで100万円以上するロレックスがあることを知れば、30万円のロレックスが安く感じられ、買う抵抗感が下がります。「世の中にはこんな高いものがあるんだ。じゃあ30万円のものを買ってもいいだろう」と思うようになるのです。

また、**ブランド力が高まる**というのも見逃せないメリット。高い商品を売っているというだけで、信頼度や企業イメージが向上することは多いのです。もちろん、高いだけで品質が悪ければ逆効果ですが。

某セレブが行くニューヨークの宝石店には、2億円のダイヤがあるそうです。それだけで、その店は超高級店のように感じられますね。また、2億円のダイヤを見た後では、50万円のダイヤと60万円のダイヤの差がほんの誤差程度に感じられるので、60万円のダイヤが売りやすくなります。これまたコントラスト効果のメリットといえるでしょう。

ポイント **高価格商品を導入すれば、客単価とブランドイメージを上げられる**

実践 「特上」を導入する理由を見つけよう！

今ある商品ラインアップに、「特上」商品を加えてみましょう。もちろん、それには材料がいい、手間がよりかかるなどの理由が必要です。

モノを扱う業態で超高級商品を導入すると、万引きや盗難、在庫管理、売れ残りなどの問題が発生しますが、在庫が発生しないサービス業ではそのような問題は起こりません。リスクを非常に小さく留めながら、売り上げ単価を上げることができるのでオススメです。

なかでも、結婚式や葬儀など**相場がわかりにくい場合には特に有効**です。一番安いものはケチっているようでイヤ。かといってムダ遣いもしたくない。そうなると、メニューの一番高いものと一番安いものを除いた中から決められます。したがって、今ある一番高い商品の上にさらに高い商品を導入すれば、今まで一番高くて敬遠されていたメニューが選ばれる可能性が高まります。

逆に、低価格を売りにしているような場合は要注意です。高いメニューばかりを訴求すると、高いというイメージで店に入ってくれなくなる場合があるため、安さのイメージを損なわないようにする必要があるでしょう。

となりのシャチョーさん

《マッサージ店の場合》

ビジネスパーソン向けのマッサージ店のオーナー店長が、店員のマッサージ師と売り上げ向上のネタを練っています。

店長　よし！　ウチも特上サービスやるぞ。

店員　あ、あのレッスンですね。どんなのがいいですかね？　今、ウチのラインアップは足裏マッサージ4000円と全身マッサージ6000円ですけど。

店長　でもマッサージで高級っていっても、マッサージする時間を長くすることくらいしかないかなぁ。

店員　そうだ！　今は足裏と全身を別々にマッサージしてますよね。それを両方同時に、二人でマッサージするっていうサービスはどうですか？　それで、合わせて1万円のところを8000円にするんです。

店長　それはいいかもしれないな！　二人の人間が同時にマッサージするっていうのはかなり高級なサービスだけど、特別な材料はいらない。もし注文があまりなくても、プライスゾーンの引き上げになるわけだ。さっそくやろう！

店員　どうせヒマですしね。

店長　うるさい！

さらにひと工夫

あなたの商品のプライスゾーンは、本当にお客様の要望と合ってますか？　もしかすると、もっと予算を用意しているのに、安いものしか売ってないためにそれしか買わないのかもしれません。

また、高価格商品を導入すると、より裕福な顧客をターゲットにすることになります。どの購買層をメインの顧客にするかという、ターゲット戦略もあわせて見直す必要があるでしょう。

トレーニング 21

自分に言い訳。「低カロリービール」
～免罪符マーケティング～

原則4
商品単価を上げる

買い手に免罪符を発行する

最近の健康志向を反映してか、カロリーを低く抑えたビールや発泡酒が人気を集めています。健康に気を使うならそもそもビールなんか飲まなければいいのに、と思うかもしれませんが、ビール好きにとってはそう簡単にはいきません。「カロリーは気になるけど、やっぱりビールは飲みたい」という人には、低カロリービールは魅力的です。「低カロリーならそんなに体に悪くないだろうし、まあ飲んでもいいか」と考えますよね。わたしはこれを「免罪符マーケティング」と呼んでいます。

値段の高いもの、身体に悪そうなもの、娯楽もの、特に必要がないけど欲しいものなどを買うときに、人間は**心のどこかで罪悪感を感じています**。もし売り手の側で「免罪符（大義名分）」を与えることができれば、安心して購買していただけます。

ポイント **「言い訳」を作って、商品を買うことを正当化してあげよう！**

高額商品に特に有効

これは商品としての魅力は高いものの、買うのには前述したなんらかの抵抗がある場合に有効な手法です。例として、宝飾や時計などの装飾品、自動車、身体に負担がかかるし好品などが挙げられます。

特に価格の高い商品の場合は、買うべきかどうかを最後まで悩むものです。しかし、免罪符を発行してあげれば、その迷いを止めスムーズな購買へと導くことができます。また、これによって**価格感応度が鈍くなる**ので、より高額な商品を買う確率が高まり、顧客単価が上昇します。

実践 「誰かのため」になる免罪符を探してみよう

お客様が自分で言い訳を見つけなくてもいいように、セールストークやPOPなどによって**あなたから免罪符を与えてあげましょう。**

その効果的な対象となるのが「家族」です。わたしの友人が車を購入する際の話ですが、彼はBMWに試乗してすっかり気に入ってしまいました。しかし、大きな買い物だけにおいそれとは決められません。他車の価格はもちろん、性能や所有感（ステータス）を比較検討すればするほど悩んでしまったそうです。高級車でなくても、実用においてはまったく問題なく使用できるでしょう。

ここで決め手となったのが、彼の娘さんが名門幼稚園に通っているということ。名門だけに、送り迎えのときにはベンツやＢＭＷなどの高級車がズラリと並ぶそうです。そこで考えたのは、「ＢＭＷを買えば、送り迎えの時に妻や娘が恥ずかしい思いをしないで済む。そう、これは家族のためだ」ということ。これが購入の最後のひと押しになったそうです。「家族のため」というのは免罪符マーケティングの強力なキーワードです。

もう一つは、「自分のため」。東京の高級百貨店には、真夏から秋冬物のコートの注文が舞い込むとか。これは、働く女性たちが仕事への動機付けとして、自分への「成功報酬」を用意しているからだそうです。また、高級機械式腕時計は冬のボーナス、クリスマスシーズンによく売れます。これももちろん、自分へのご褒美として購入しているケースがほとんどでしょう。

男性も女性も、「自分のため」に高級品を買っています。特に不況下では、高級品を買うことにはぜいたくだという罪悪感が伴いますが、「頑張った自分への報酬」が免罪符になるのです。

食品にも有効

さらに、健康に配慮した食品などはそれ自体が免罪符になります。前述のビールなどは、カロリーという点から考えれば飲んではいけないでしょうが、「低カロリー」という免罪符がはたらいて購入を促します。心の中では、「体にはよくはないかもしれないけど、これならある程度大丈夫だから」と考えるのです。

ビタミンCなどの補助栄養が入っているお菓子も同じです。論理的には、ビタミンCが体によいのならビタミンCの錠剤を飲めばよいということになりますが、そうではなくビタミンC入りのお菓子を買うのは、「お菓子は太るかもしれないけど、これなら体にもよさそう」という免罪符を自分に発行しているからです。

となりのシャチョーさん 《洋菓子店の場合》

若い女性に人気の洋菓子店の女性店長さんが、チョコレートケーキを手に考え込んでいます。そこにこれまた女性の店員さんが通りかかりました。

店員　どうしたんですか、店長？　そんなに食べたいんですか？

店長　うん、でも太るから…。じゃなくて、どうしたらもっと売れるか考えてたの！

店員　そうでしたか（笑）。お客様もきっと、「ケーキなんて食べたら太りそう」って思ってますよね。

店長　そうよねえ。このチョコレートたっぷりのケーキ、とってもおいしいのに…。まあ今日はよく働いたし、自分へのご褒美としてひとつ食べちゃおうかな。

店員　それですよ！　ご褒美にすればいいんですよ！　お客様もよく、「今日は金曜日だし、1週間頑張ったわたし達へのご褒美ね」なんて店内で話してますよね。

店長　そうか！　自分へのご褒美なのよね、ケーキって。

店員　ウチのお客様はＯＬさんが多いから、金曜日を「自分へのご褒美Day」にして、割り引きしましょう。

店長　割り引きしちゃダメよ。ご褒美なんだから、セール品なんて買いたくないわ。

店員　そっか…。じゃあ、お買いあげの方にはパウンドケーキをひと切れ、個包装して付けるっていうのはどうですか？

店長　それいいわね。それくらいなら原価も大丈夫だろうし、パウンドケーキの試食にもなるもんね。

店員　じゃあすぐ手配します！

さらにひと工夫

この手法を有効に活用するには、商品やサービス自体の魅力も必要です。その魅力を高めることも同時に考えてみましょう。

トレーニング22

300円の「冷ややっこ」の原価は？
～価値ギャップの利用～

原則4
商品単価を上げる

価値ギャップの利用

冷ややっこといえば、居酒屋の人気メニュー。お店によっても違いますが、だいたい250～300円が相場のようです。

必要なのは豆腐約1／3と薬味だけだとすると、スーパーで豆腐を小売価格で買っても原価は50円くらい。それなのに、原価の約6倍もの値段でみんな普通に注文します。手間だって、豆腐を切って薬味といっしょに皿に盛りつけるだけなので、他の料理と比べてもほとんどかからないといっていいでしょう。

この商品は、「価値ギャップ」（これもわたしのオリジナル用語です）を利用しているのです。**お客様にとっては価値が高いのにあなたにとっては費用と手間がかからない場合、そこにはあなたとお客様の間に「価値ギャップ」が発生します。**

そのような商品を見つけて売ることができれば、大きな利益を上げることができます。

価値は、お客様のアタマの中に存在する

いくらあなたがお金と手間をかけた商品でも、お客様にとっての価値が低ければ買ってはもらえません。逆に、冷ややっこのように手間やお金がかからなくても（提供者にとっては価値が小さくても）、お客様にとって価値が高ければ高く売れるのです。この価値ギャップを利用すると、高利益率の商品が生まれます。

　冷ややっこの原価率が低いことやあまり手間のかからないことは、ちょっと考えれば誰でもわかります。それでも、「原価は50円くらいのはずなのに、高い！」とお店を非難する人はいないでしょう。それは、居酒屋という状況、商品自体の魅力などを含めた冷ややっこに、それだけの価値を認め

価値ギャップ

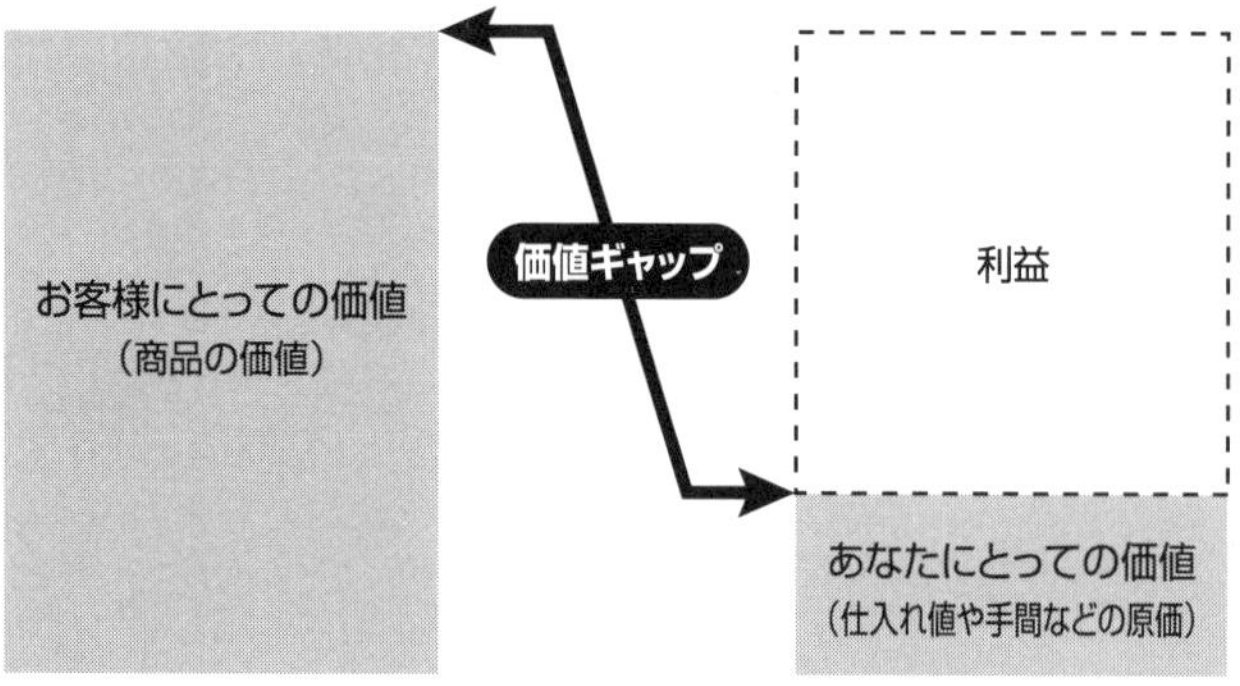

価値ギャップが大きければ大きいほど、高い利益があげられる

ているからです。**お客様にとっての商品価値と原価は直接関係ありません。**あくまで、商品の価値がどのくらいあるかによって、価格が決められるのです。

ポイント **高利益率商品は、簡単・低コストでもお客様にとって高価値なもの**

実践 「自分にしか提供できないこと」を見直してみよう

知り合いのデザイナーから聞いた話ですが、デザイン会社はこの価値ギャップを利用して利益の一部を上げています。広告の原稿などはデザイン用の高価なソフト（Illustrator等）を使って制作しますが、文字修正程度ならほとんど手間はかかりません。しかし、その修正を行うにはそのソフトがなければできませんし、実際どのように修正しているかお客様にはわかりません。ここに価値ギャップが発生しているのです。

したがって、デザイナーはその簡単な作業に結構な代金を請求できるそうです。もちろんこうした技術職の場合、蓄積してきた知識やノウハウが価値を生み出していることは間違いありません。価格の高低はともかく、これは正当な報酬です。

自分にとってはできて当たり前のことでも、お客様にとっては難しくてできない、ということを探してみましょう。

仕事での活用

ちなみに、この手法はオフィスワークでも使えます。上司が時間がかかると思っている仕事でも、自分にとっては実は時間がかからない仕事をうまく使うのです。前の会社の上司に教えてもらったテクニックなのですが、普通の人にとっては4日かかると思われるデータ分析を、その方はExcelで数時間で終えてしまいます。すると、その余分な3日間の間に、さらに仕事に付加価値をつけたり、他の仕事をできるわけです。そして上司には、4日より1日早い3日後に、「予定より1日早く頑張って仕上げました。ついでにこれもやっておきました」と提出するわけです。すると評価がグッと上がり、しかも自分は余裕を持ってやっている、ということです。

その方は最近さらに出世されました。デキる人はマーケティング手法をうまく使っているんですね。

となりのシャチョーさん　《工務店の場合》

家の新築やリフォームを請け負う工務店の社長さんが、本書を読んで部下の大工さんに話しかけています。

社長　なあ、これ読んでみろ。
大工　はい、社長。フムフム、価値ギャップねぇ。うまいこと考えるもんだ。
社長　で、どうだ？
大工　へ？
社長　「へ？」じゃねえだろ。ウチでも何かできねえか考えてみろ！
大工　そういわれても、あっしは大工ですぜ。板さえありゃあ机でも何でも作れますが、売り方を考えろと言われてもねぇ…。
社長　ん…!? それだ！　オレらにとっちゃあ、本棚とか靴箱を作ったりするのなんて朝飯前だろ。けどお客さんが作ろうと思ったらけっこう大変だろうし、買ったら高いだろうな。つまりよ、新築やリフォームのついでに、簡単な家具の注文もとれるんじゃねえか？

大工　なるほどぉ。新築のお客さんならいろいろ家具が必要だし、オーダーメードだからお客さんも喜びそうですね。

社長　そうだな。もし余った建材で作れれば、ゴミは少なくなるし一石二鳥だ。

大工　どんな家具が作れるか、考えてみますよ！

さらにひと工夫

あなたの、そしてあなたの会社の本当の価値に気づいていますか？　すでに持っているノウハウや資源を組み合わせるだけで、いままで気づかなかった新しい価値が見つかるかもしれません。

原則 5

売り上げ点数を増やす

「売り上げ点数を増やす」ために

商品やサービスは、使われるために買われます。当然ですね。ということは、それが使われる人や状況によって、一緒に使われるものが必ず存在するので、それを一緒に売ることができれば、売り上げ点数を増やすことができます。これを実現させるためのポイントは、「お客様の立場で考える」ということです。

これはよくいわることですが、実行するのは非常に難しいのです。そこで、魔法の言葉を一つ教えましょう。それは、「あなた」です。自分の会社を紹介するときには、普通「弊社の生産設備は…。弊社の人材は…」と言いますよね？　しかし、それではお客様の立場で考えてはいません。そこで、無理矢理にでも発言の主語を「あなた」にするのです。この場合の「あなた」は「御社」。すると、「御社にとって、弊社の生産設備はこのようにお役に立てます。御社には、わたしどものこのような人材がお手伝いできます」となるので、自然とお客様志向の考え方ができるようになります。

この章では、買う点数を増やすための典型的、王道的な手法を紹介します。「あなたにとって」と言葉を始めながらお客様のことを考え、各トレーニングを読んでみてください。

トレーニング
23

「ご一緒にポテトもいかがですか？」
~クロスセル~

原則5
売り上げ点数を増やす

サブメニューの効用

「ご一緒にポテトはいかがですか？」。マクドナルドなどのファストフード店でおなじみのセリフですね。そう言われるとつい頼んでしまう人はけっこう多いので、お店に莫大な売り上げをもたらしているようです。しかも、ポテトは利益率の高い商品。「ご一緒にお飲物はいかがですか？」の場合も同じで、重要な収益源になっています。

日本マクドナルドのウェブサイトによると、同社の月間来店客数は約１億２千万人（すごい数字ですね。月間ですよ、月間）で、そのうち５％の人がこの言葉でポテトを買ったとすると６００万人。粗利を控えめに見積もって30円としても、月に２億円近くになります。マクドナルドがなぜこれをやるかわかりますよね。

ついで買いのススメ

これは、マーケティング用語で「クロスセル（ついで買い）」と呼ばれます。クロスセルとは、お客様に**関連商品を買っていただくことによって、購買点数と顧客単価を増大しようという手法**です。何もしなければハンバーガーとドリンクしか買わないお客様でも、ひと声かけるだけで購買点数が2点から3点へと1・5倍になるわけです。

テレビを買ったお客様は、次にビデオデッキやDVDレコーダーが欲しくなるというのは自然な流れです（もちろんそれらを持っていなければの話ですが）。どうせ後でお買いあげいただくんだったら、同時に買っていただきましょう、ということです。そうすれば、競合他社に流れることも防げます。そして、ビデオを買ったお客様には、当然ビデオテープが必要、ということになりますよね。

大きな投資をしなくても顧客単価が上がる

この方法のすばらしいところは、**実行するのに大きな投資がいらない**ということ。いってみれば無料、タダです。なぜなら、「ご一緒にポテトはいかがですか？」と言うだけですから。電器店であれば、ビデオとともにビデオテープも売っていますね。酒店なら、普通はお酒とつまみの両方を売っています。ですから、追加投資や新たな在庫負担はいらない場合が多いのです。

もしそれがお客様にとっても有効な提案であれば、お客様とWin-Winの関係を築くことになります。あなたにとっては売り上げが伸びて、お客様はよい提案をしてもらえた、ということです。後々必要なものであれば、また来るのは面倒ですよね。

ポイント **一緒に買うのが自然な関連商品をお勧めしよう！**

使いすぎには要注意

満面の笑顔で「ポテトはいかがですか？」と言われると、なかなか断りにくいものですよね。たいていの人は「誰からもいい人だと思われたい」という欲求を持っているので、断ることには抵抗があるのです。

逆にいえば、このテクニックを使いすぎるとお客様から嫌がられる可能性があります。**提案を断るということは、お客様にとって心理的負担につながります。**行くといつも「断る」という行為をしなくてはならないとすれば、その店から足が遠のいてしまうことも十分考えられます。直接口頭で勧めるだけでなく、セットで売るなどのさりげない提案も必要でしょう。

顧客心理 **断ることはお客様にとって負担になりうる**

実践

売れている組み合わせを調べよう！

あなたの商品やサービスのなかで、一緒に買われる確率の高い組み合わせはありますか？　一番売れている商品と、そのときによく一緒に買われる商品を調べてみましょう。その売れ筋商品が売れるときに、「ご一緒にこちらもいかがですか？」と関連商品をお勧めすればいいのです。

●補完品

コンビニエンスストアでは、よく「お弁当を買った方にはペットボトル飲料○○円引き」というキャンペーンをしています。お弁当を食べるときには、飲み物も欲しくなります。このように、補完関係にあるものを探しましょう。プリンターを買ったら、その後印刷するための紙も一緒に売れますね。

●補充品

刃が交換できるひげ剃りは予備の替え刃と一緒に売っていますが、これもクロスセルです。また、インクジェットプリンターにはインクが付属していますが、予備のインクも後々必要です。まとめて買ってしまえば後でまた買いに来なくてすむことは、お客様も知っています。

●付加価値品

パソコンには、性能をアップするための追加メモリーやハードディスクがあります。また、ゲーム機を買おうとしている人には、ゲームをより楽しむためのジョイスティック、ソフトを収納するケースなどが考えられます。

必要性を提案する

最近ノートパソコンを購入したのですが、これまで10台以上パソコンを買った経験から、店員さんに勧められるまでもなく拡張メモリーもつけました。わたしは、拡張メモリーで体感速度が格段に上がることを知っていたのです。しかし、それほどパソコンに詳しくない人はそれを知りません。その場合、「メモリーを増設してはいかがですか？　メモリーが多いと、待たされてイライラすることが減りますよ」と一言加えてあげるとよいでしょう。購入するメリットや理由を伝えてあげることがポイントです。

また、チラシなどの広告でクロスセルを促進するためには、**関連商品を近くに置く**ことが必要です。店頭のディスプレイでは、一緒に売りたい商品を並べて、ＰＯＰなどの販促グッズをつけることも必要になります。**セットで販売して、少し割引きする**というのも効果的です。

となりのシャチョーさん

《通販会社の場合》

通販会社の社長さんが腕組みをしながらクロスセルについて考えていますが、いいアイデアが思い浮かばないようです。すがるような目つきで社員に声をかけました。

社長　うちでも、「ポテトを一緒にいかがですか？」ってやりたいんだが…。

社員　はあ…、ウチもついに食品を売るんですか？

社長　いや、そうじゃなくてだな、関連商品を一緒に売るのをクロスセルっていうらしいんだが、それをウチでも取り入れられないかなと思って。

社員　なるほど…。

社長　なあ、ウチで一番売れている商品って何だ？

社員　今は、この携帯用ガスコンロですね。

社長　それと一緒に買われている商品は？

社員　ちょっと調べてみますね…。ええと、予備用のガスボンベです。当たり前ですよね。

社長　そうか、コンロとボンベを一緒に売ればいいのか！

社員　なるほど、コンロとボンベ3つをセットにして、ちょっとだけ割引してあげればいいんじゃないでしょうか。

社長　ボンベを後で買うとまた送料とかかかるからな。一緒に買えば送料もオトクだよな。

社員　なるほど！　さっそく次回のカタログからそのセットを入れておきますね！

さらにひと工夫

このテクニックは、他のテクニックと組み合わせるとさらに効果的です。例えば、用途提案（トレーニング13）や、後工程マーケティング（トレーニング24）と組み合わせると相乗効果が生まれます。

トレーニング 24

売り上げを2倍に増やす「往復宅配便」
～後工程マーケティング～

原則5
売り上げ点数を増やす

買った後にすることを提案する

往復宅配便というサービスをご存じですか？　ゴルフやスキーなど、荷物を送るだけでなく返送も必要なときに便利です。わたしはスキーが大好きでよく電車で行きますが、伝票を書く手間が省けるし少しお得なのでよく利用します。

これは、「後工程マーケティング」というテクニックを利用しています。そういうマーケティング用語があるわけではないのですが、非常にパワフルなテクニックです。これを一つのノウハウとして語る人はあまりいないので、わたしがこの言葉をつくりました。

簡単にいうと、**お客様が買った後にすることのお手伝いをしてあげる**ということ。スキーやゴルフの場合、送ったあとに「送り返す」という作業が必要になりますね。その際にも自社のサービスを利用してもらえれば、売り上げが一気に2倍になるというわけです。

ポイント

お客様が買った後ですることを考えて、もう一度売るチャンスをとらえよう！

営業のサポートにもなる

往復宅配便は帰りも使ってくれることが決まっていますから、**他社と競合する可能性がありません。** 2回分の売り上げが保証されているというわけですね。さらに、送付先の施設と取り引きがなくても使ってくれる、というメリットもあります。すでに宅配便会社が指定されているわけですから、その宅配便会社を呼ばざるを得ないのです。そういう事例が多くなっていけば、施設がその宅配便会社を使おうと思うかもしれません。また、荷物を取りに行った際に営業することもできるので、販路の拡大につながるというわけですね。

実践

買った後にお客様が何をするのか想像してみよう!

お客様があなたの商品やサービスを購入した後で、それを使う場面を考えてみましょう。往復宅配便は、スキーを宿に送ったあとで、どうするんだろう? もちろんスキーをするわけですが、その後また家に持って帰る…。ならば、それもお手伝いしましょう、そしてちょっとだけ割り引きさせていただこう、ということですね。

また、その商品と一緒に使うものを売ることができれば、絶好のクロスセル(トレーニング23）になります。ビデオデッキを買ったら、録画をするためにビデオテープが売れます。ウイスキーなら、氷やつまみが売れます。パソコンといっしょに、ソフトが売れるかもしれません。

後工程マーケティングは製品開発にも使えます。例えば、すっかり普及した「リンスインシャンプー」。シャンプーしたあとにはリンスしますね。だったら最初からリンスも入れてしまえば、シャンプーとリンスを別々にする手間が省けるということで、便利なリンスインシャンプーが誕生したのです。

営業トークとしての使用

ある優秀な営業マンの方は、商談で「これはこの後どのようにお使いになるのですか？なるほど、それを弊社で肩代わりすることもできますがいかがですか？」と言っていました。すぐに「これだ！」と思いました。さすが優秀な方だけあって、すでに「後工程マーケティング」を実践していたんですね。このように、お客様に問いかけてみるのも手がかりをつかむチャンスです。

このスキルは、マーケティングに限らずオフィスワークにも応用できます。「わたしの作った資料を上司や他部署はどう使うのか？」と考えることができれば、より使いやすい資料がつくれて自分の仕事の付加価値が高まります。

となりのシャチョーさん

《商店街の魚屋さんの場合》

魚屋さんのご主人が、共同経営者でもある奥様に話しかけています。

主人　なあ、うちでも後工程マーケティング使えないかなぁ？
奥様　そうだね、何か考えようか？
主人　魚買ったあとさあ、お客さんどうするんだ？
奥様　バカなこと言うんじゃないよ。料理して食べるに決まってるじゃないか。
主人　じゃあ、魚のおろし方とか、調理方法とか教えてあげれば喜んでもらえるかな？
奥様　そりゃそうよ。でも、店先で教えてる時間なんかないからねえ。紙にでも書いて配ったらどうだい？
主人　そうか、そりゃグッドアイデアだ。おろし方とかレシピを配ってあげようじゃないか。トレーニング13の用途提案ってやつにもなるな。

奥様　あんた何言ってるの？　でも、そりゃいいね。料理がうまくいかなくて、魚ギライになることもあるだろうし。でもさ、最近の奥様たちは魚用の包丁なんか持ってないいんじゃないかい？

主人　そうか、オレたちゃ包丁のことよく知ってるから、ウチでお勧めの包丁を売ってもいいな。魚を買ったらその後で切るわけだし。よし、仕入れ先を調べてみよう！

奥様　たまにやる気出してくれると嬉しいねえ。

主人　たまに、ってことははねえだろ…。

さらにひと工夫

後工程を知るには、お客様に使い方を聞いたり、お客様になりきってみる必要があります。その視点で、自分の仕事をもう一度見直してみましょう。

トレーニング
25

「お泊まりスキンケアセット」でまとめ売り
～オケージョン・バンドリング～

原則5
売り上げ点数を増やす

利用場面を想定する

コンビニエンスストアの化粧品コーナーには、一泊だけの旅行や友人の家に泊まるときなどに便利な、女性向けスキンケアセットが売られています。いくつかの化粧品メーカーが発売していますが、そのうちの一つを買ってみました。メーク落とし用クレンジングオイル、洗顔用パウダー、化粧水、オリーブオイルがそれぞれ3回分ずつ、小分けにされて入って２５０円です。ホテルにあるようなシャンプーのアルミパックが、たくさん入っているイメージです。知り合いの女性に聞くと、これでメークを落としてから寝るまでのスキンケアが一通りできるそうです。

「オケージョン（Occasion）」とは、ＴＰＯのうちの「Ｏ」。「場面」という意味で、この場合は「お泊まり」という場面です。「バンドリング（Bundling）」はまとめ売り、セット売りという意味。したがって、オケージョン・バンドリング（これもわたしの造語ですが）とは、**使用場面を考えて商品をセットにして売る**という手法です。

このスキンケアセットは、「女性が自宅以外に泊まるとき」という利用場面を切り口にした、関連商品のセットです。急に旅行や友人の家に遊びに行くときだけでなく、出張や帰省など荷物を減らしたいときも含まれます。化粧水などをボトルのまま持っていくと重くてかさばりますが、小分けにしてあれば使う分だけ持ち運べます。小瓶に移し替える方もいるでしょうが、そのような手間も要りません。

ポイント **利用場面という切り口で商品を組み合わせ、セットで売ろう！**

セット売りのメリット

急な泊まりでスキンケア用品がなければ、やむを得ず化粧水などをボトルごと買うか、買わずにすませるかのどちらかです。恐らく、「ボトルで買うくらいなら、石けんでメークを落とすだけでいいや」と考えて何も買わない人は多いでしょう。そのニーズを取り込めます。

また、便利さという付加価値によって多少割高でも買ってもらえるので、高い利益率が期待できます。

さらに、**すでに存在している商品を組み合わせるだけで新しい商品が開発できます。**例えばスキンケアセットの場合、すでにある化粧品などを分包するだけでいいのです。新しい化粧品を開発するよりも、投資額や時間はかなり少なくてすみます。

実践 使われている場面を想定して、その関連商品をまとめてみる

こうしたセット商品を作る際のポイントは、**お客様が実際にどのように使っているかを考え、必要量をまとめること**。しかし、それがなかなか大変なのです。

スキンケアセットの場合は、その点が非常によく考えられています。女性は家でメークを落とすので、スキンケア用品は持ち歩きません。しかし、メーク直しは外でもするので化粧品は持ち歩いています。したがって、スキンケアセットさえあれば急なお泊まりにも対応できるのです。女性の行動と心理をよく考えて生み出された商品です。

その他の例として、スーパーで売っている「カレー用野菜セット」というものがあります。じゃがいもやにんじん、たまねぎ、にんにくなど、カレーを作るのに必要な分だけがセットになっているので、単品で買うより安あがりで余らせる心配もありません。

「カレー」という利用場面を切り口にした野菜のセット販売という意味で、これはスキ

ンケアセットと全く同じコンセプトの商品ですね。
これを応用すると、「野菜炒め用カット野菜セット」、「鍋物セット」、「すき焼きセット」などなど、料理の数だけセット商品はできますね。

となりのシャチョーさん　《洋菓子店の場合》

トレーニングに触発された洋菓子店の店長が、女性の店員さんに話しかけています。

店長　ウチも作るぞ、スキンケアセット！
店員　どうしたんですか、いったい？
店長　コンビニにスキンケアセットってあるだろ。あれ、ウチにも使えないかと思って。
店員　それ、わたしも買ったことありますけど、すっごく便利ですよね。
店長　それで？　ウチだったらどう応用できる？
店員　えーと、そういえばこのあいだ、「この辺にコンビニないの？」って聞かれましたよ。
店長　なんで？

店員　すぐそこの病院にお見舞い用のケーキを買っていかれたんですが、フォークとかお皿がないかもしれないから、それを買うそうです。
店長　それだよ！　お見舞いセットだよ！
店員　あ、なるほど…。病室で食べられるように、紙皿とかフォークを一通りつければいいんですね。あと、お茶をいれるのも面倒でしょうから、温めたペットボトルの紅茶とか。
店長　なかなかさえてるな、さっそく準備してくれ！

さらにひと工夫

オケージョンを提案するには、お客様がどのように商品を利用しているかを知ることが重要です。通常の利用だけでなくさまざまな場面を想定してみると、お客様以上に潜在的不便を知ることができるかもしれません。ターゲットの生活や仕事の仕方などを、文字通りなぞってみましょう。

トレーニング
26

ついで買いを促進する「38円キャンディ」
～売れる商品と売りたい商品～

原則5
売り上げ点数を増やす

「38円キャンディ」の効果

テレビ番組でドラッグストアについて特集していました。激しい出店競争を続けるこの業界では、売るためのテクニックがあちこちに取り入れられています。

その中でも目を引いたのが袋入りの「38円キャンディ」。「通常価格148円→38円！」という派手なＰＯＰとともにこの商品が店の入り口付近に並べられると、店の前にはたくさんの人が集まり、キャンディを手に競うように店内に入っていきました。

その後、インタビュアーの「こんなに安売りして大丈夫なんですか？」という質問に対して、店長さんがこう答えています。

「この商品では別に儲からなくてもいいんです。これを買うためにお客様に店内に入ってもらえれば、そこで何か別のものも買っていただけるでしょう」

つまり、このキャンディは**お客様を店内に導き入れるための誘い水**だったのです。

売れる商品と売りたい商品の違い

商品は、「売れる商品」と「売りたい商品」に分けることができます。売れる商品とは、38円キャンディのように圧倒的に低価格であるなどの理由から、黙っていてもお客様が買ってくれる商品。しかしそんな商品ばかりを売っていたのでは、いくら売り上げが伸びても儲けは出ません。儲けにつながるのは、安定した利益をもたらしてくれる売りたい商品のほうです。そこで、商品によって役割を分担させ、売れる商品から売りたい商品へとお客様を誘導するのです。

売れる商品は、**さらに他の商品に興味をもってもらうための導火線となる商品**ということ。儲かる商品はたいてい売りにくいので、お客様を誘導するために、儲からなくてもいいから売りやすい商品をつくるのです。

ポイント **商品の役割分担によって、売れる商品から売りたい商品へとお客様を誘導できる！**

二度目の購買はより抵抗が少ない

人間は一度何かを受け入れると次も同じように受け入れやすいことが、心理学的に確かめられています。最初の障壁さえクリアしてしまえば、あとは急にハードルが低くなるのです。

購買でも最初に買うときの障壁が一番高いものですが、38円キャンディを買おうと入店したお客様は、**最初の購買障壁がすでに取り除かれていること**になります。したがって、次の購買に対するガードはかなり低く、「ついでにこれも買おう」というついで買いが起こりやすいのです。

顧客心理　一度「Yes」と言うと、次もそう言いやすくなる

売れる仕組みをつくろう

マーケティングで重要なことは「仕組み」です。水が水路を自然に流れていくように、売れる商品で集客して売りたい商品で儲けるという仕組みができれば、売り上げは自然と向上します。

このテクニックは、トレーニング03で紹介しているサンプリングの手法とリンクさせることができます。サンプリングとは、「あげる商品」をうまく活用することでしたね。それを絡めて、このような順番でお客様を誘導します。

あげる商品（無料のサンプル）

⬇

売れる商品（低価格で、幅広い層に訴求する戦略商品）
⬅
売りたい商品（高価格・高利益な商品）

実践　儲けを考えず、顧客を引きつける商品を置いてみよう！

特定の顧客にしかアピールしないニッチ商品は売りにくいものです。まず、たくさんの人が欲しいと思う商品で、多くの見込み顧客をひきつけましょう。ドラッグストアでいえば、いきなり数千円の商品を売るのではなく、38円キャンディで店内に引き込みます。とりあえず**入店していただかなければ、商品は絶対に売れない**のですから。

売れる商品になりうるのは、

- **低価格なので買うことへの抵抗が少ない**
- **ニーズが大きいため、よりたくさんのお客様を引きつけられる**

という特徴のある商品です。

反対に売りたい商品は、

- **高利益で儲けが出る**
- **特定の顧客を引きつけ、狭いニーズにも対応している**

ということになります。

「売りやすくて儲かる商品」というのは通常ありえません。バブル期の高級スーツなどはある意味そうでしたが、そうした状態が長期的に持続することはまずないのです。もし運良くそうした商品に出会えたら、売れる間にガンガン売ってしまいましょう。

売れる商品は、収支トントンでもいい

今まで入店していなかった人が入店してくれるようになれば、当然お店の来客者数は増加します。そのお客様が他の商品も買ってくれることを考えれば、売れる商品は原価で売っても損はしないことになります。原価以下で販売する場合は、数量を限定するなどして小さく試してみましょう。

- **100円うどんチェーン**

セルフ方式のさぬきうどんチェーン店が増えています。実は、これも「38円キャンディ」と同じテクニックが使われています。かけうどんは確かに100円ですが、レジに行くま

でにかきあげや卵、天ぷらなどのトッピングがたくさん用意されています。そうするとあれもこれもとつい取ってしまい、結局一人当たりの平均単価は４００円を超えるそうです。１００円のうどんが売れる商品で、トッピングが売りたい商品ということになります。

●コンビニの雑誌

コンビニエンスストアにはわたしも毎日のように立ち寄りますが、主な目的は雑誌のチェックと購入。雑誌が、わたしを店内に誘導する売れる商品ということになります。

雑誌はあまり利益率のよい商品ではありませんが、お店にとってはお客様を引き込んでついで買いを促進する重要なアイテム。コンビニが雑誌を置いているのには、そのような理由があります。

となりのシャチョーさん 《寝具店の場合》

寝具店の店長さんが何か思いついたようです。店員さんを呼びました。

店長　最近来店するお客様が減ってるよなぁ…。

店員　布団を買いかえるお客様って、そうそういないですからね。

店長　やっぱり、いきなり布団は売りにくいから、もっと売りやすいモノを置くといいんじゃないか？　店に入ってもらわないことには布団も売れないしな。
店員　睡眠に関係して、安くて、みんなが欲しいものなんかを置けばいいんですか？
店長　じゃあ、眠りを誘う効果があるという、ポプリなんかどうですか？
店員　おお！　それはいいかもしれないな。とりあえず布団は欲しくなくても、ポプリなら買いたい人はたくさんいるはずだ。ついでに、枕とかシーツも見ていただけるチャンスができる。
店長　店頭に置けば興味を持ってくれますよね。原価ギリギリなら、２００円くらいにできると思います。
店員　店内で寝具に興味を持っていただけるように、ＰＯＰや資料も必要だな。その手配もさっそく頼むよ！

さらにひと工夫

あなたの商品の価格づけは、何を基準にしていますか？　売れる商品と売りたい商品という観点から、もう一度見直してみるといいでしょう。

事例編

売れてる会社は知っている

事例
1

急成長を支える戦略的ターゲティング

株式会社イー・ロジット　代表取締役CEO　角井亮一氏

所在地……東京・大阪
業種……物流アウトソーシング

イー・ロジットは、通販物流や企業の物流戦略をサポートする物流アウトソーシング会社。２０００年２月の設立当初から急激な勢いで売り上げを伸ばしており、雑誌などでも多数取り上げられている注目企業です。角井亮一ＣＥＯにインタビューしました。

――まず会社概要からうかがいたいのですが、２０００年２月に設立されて、現在社員はどのくらいいらっしゃるんですか？

13名です。

――売り上げは倍々ゲームで伸びているとか？

ええ、設立以来毎年2倍～4倍のペースで伸びていますね。

――このご時世にそれはすごいですね。イー・ロジットのビジネスを一言でいうと、どんなものでしょうか？

企業の物流を取り扱う会社です。当社のビジネスの柱は、物流の代行業務（アウトソーシング）、物流コンサルティング、物流システム販売の3つ。利益率が高いのはコンサルティング事業ですが、売り上げの中ではアウトソーシングが9割以上を占めています。

――物流アウトソーシングというと、どんなことをされるんですか？

作っている商品を直販、通販したいというお客様に代わって、在庫管理や出荷梱包、配送業務などを請け負います。お客様はメーカーさんも多いですね。

――なぜメーカーさんは自分でやらないんですか？

もちろん自前でやっている場合もありますが、直販というのはなかなか難しいんですよ。作るのと売るのとでは全く違いますし、特に通販物流のノウハウは、メーカーさんの社内にはないことが多いですから。

――具体的にはどんな仕組みなんですか？

簡単に言うと、お客様が顧客から「買うから送ってよ」と電話などで注文を受けた後、届けるまでの仕事を代行します。こう言うと簡単に聞こえますが、結構大変なんですよ（笑）。倉庫に入庫して在庫を管理し、保管、ピッキング（※）、配送など一連の作業が必要になりますから。

――なるほど、確かにモノづくりとは全く違うスキルと設備が必要ですね。

ええ。さらに入金管理まで行うこともあります。

――社員13名でそれをやっているんですか？

※顧客の注文に応じて倉庫や棚から保管中の商品を取り出す作業

倉庫や配送の実務は外注していますが、管理は当社で行っています。そうした設備を自分たちで持つ必要はありませんから。

――**なるほど、付加価値をつけるという部分やノウハウに特化しているわけですね。**

われわれは「宅配代行業」ではなく、情報や付加価値を売る「情報ビジネス」をしていると考えています。その例として、お客様には有料で付加価値サービスを提供しています。

――**例えばどんなものですか？**

在庫回転率や売れ筋・死に筋商品、不良在庫率などの物流管理上欠かせない情報です。お客様からいただいている情報によっては、売上情報なども出すことができます。

トレーニング23　クロスセル

物流という作業から得られた情報を、付加価値として販売しているわけですね。どのような仕事でも価値をつくりだせるわけですが、イー・ロジットはそれをきっちり行い、収益にしています。これは、自らの業務を「情報ビジネス」としてとらえているからこそできるのです。

――**物流のアウトソーシングをすることの、お客様にとってのメリットは何ですか？**

イー・ロジットは、通販といってもいわゆるネット通販をしているお客様に特化しているので、この分野での実績やノウハウが豊富です。これからネット通販に進出したいけど、ノウハウや設備がないというメーカーさんでも、われわれの仕組みを使えばいいわけです。また、トータルで考えればコストが削減されます。お客様で設備を作って人を雇って、ということをするよりは、われわれに任せた方が安くなるんですよ。

——ネット通販の顧客に特化しているとのことですが、それはなぜですか？

通販にはニッセンさんなどのカタログ通販、ジャパネットたかたさんなどのテレビ通販、そしてウェブサイトを使ったネット通販、と大きく3つに分けられます。特化した理由は、実は偶然の要素もあって、イー・ロジットの最初のお客様がネット通販の会社だったんですよ。売り上げも結構あがったんですが、それ以上に、「これは面白い分野だ」とピンときたので、そこに特化することにしました。今では、この分野でイー・ロジットを知らない人は恐らくいないでしょう。

——特化したからこそ、その分野で知名度を上げることができたわけですね。逆に、「ここは避けている」というような顧客層はありますか？

すべてのメーカーさんに物流の需要があるわけですが、小口高回転のお客様だけに特化して、そのノウハウを蓄積しています。それ以外のお客様は狙っていません。

トレーニング02　捨てるターゲティング

最初から手を広げすぎないよう、ネット通販というセグメントの小口高回転という分野に特化しました。それによって、そこでのノウハウが蓄積し、かつ知名度も上がるというメリットがあったわけです。イー・ロジットは、伸びているとはいえけっして大企業ではありません。そのような場合、全方位戦略ではなくまずは得意な顧客セグメントにターゲットを絞って、そこで足場を固めたら次に広げる、というのがセオリーです。

――2本目の柱が、コンサルティングでしたね。

ええ。オーダーメードでお客様の問題を解決します。時間単位でお金をいただく場合と、月々定額でいただく顧問契約があります。契約していただくと、物流のプロセスを見直す物流業務改善、物流センター効率化の診断、物流センターの開設支援などを行います。

――コンサルティングの集客はどのようにして行うんですか？

メールマガジンの発行が効果的でしたね。「ロジスティクス思考的経営話（物流話）」という無料メルマガを週1回発行していて、読者は5000人を超えています。ここで有料セミナーの集客も行うんですよ。

トレーニング03　サンプリング
トレーニング26　売れる商品と売りたい商品
イー・ロジットにとって、メルマガは無料で提供している「サンプル」で、有料セミナーが「売れる商品」ですね。メルマガとセミナーでしっかりと見込み顧客をつかんでおき、最終的に売り上げに結びつけようという仕掛けです。メルマガ→セミナー→自社商品という流れがしっかりと成り立っています。

――サイトで「オンライン簡易物流診断」というサービスも提供していますね。

これは、30問くらいの簡単な質問に答えていくと、物流の効率というか改善ポイントがわかるという仕掛けで、結果はメールでお知らせしています。とりあえずどのあたりに問題があるのか、またはないのか、まずは一度体験してもらうんですよ。

トレーニング03　サンプリング
コンサルティングのようなサービスは簡単に売れるものではないので、このような無料サンプルを用意しているわけです。実際に訪問して無料アドバイスをするとなると手間がかかりますが、サイトを使ってメールで診断書を送ることで、イー・ロジットにかかる手間やコストを減らしているのがポイント。また、見込み客の連絡先やニーズを知る手段にもなっています。

――3本目の柱が、システム販売でしたね。どんなシステムですか？

イー・ロジットの倉庫管理システムを販売しています。月々のリース料が数十万円で、コンサルティングとシステム使用料です。これは、2本目の柱である現場改善コンサルティングをしたあとで、それを実行に移していくためのものです。この仕組みのウリは、倉庫運営コストを下げるためのツールを導入できることです。

――もちろん、システムのメンテナンスも発生しますよね。

そうですね。別料金ですけど（笑）。お客様とつながっていることによって、どういう悩みを抱えていて、どういう状態にあるかということがすべてわかります。そうしたお客様の情報を元に、またいろいろな提案ができるんですよ。

トレーニング11　人質マーケティング
システムを納入すれば、その後イー・ロジットの支援がいろいろと必要になるので、より深くお客様とかかわることができます。その意味では、システムを人質にとったようなものですね。そのシステムを使い続ける限り、イー・ロジットとは関係を保つ必要があるのです。

――ところで、どのようにして見込み客を実際の契約に結びつけているのですか？

こちらから提案をするポイントは二つあります。まずは、先ほど申し上げた「トータルで考えると物流コストは下がる」という点。二つ目は、イー・ロジットのノウハウです。われわれは、たくさんの通販会社の成功・失敗を「間接経験」として見ているので、これを欲しがるお客様も多いのです。イー・ロジットの価格体系は、お客様の商品が1個売れてナンボ、ですから、お客様の売り上げが伸びると、われわれの売り上げも伸びるんです。お客様がたくさん売れれば、それだけわれわれに入る配送費なども増えるわけですから。つまり、「お客様の成長がイー・ロジットの成長」なんです。だからわれわれも必死で（笑）、真剣にアドバイスさせていただきます。

――なるほど、そこでWin-Winの仕組みを作っているんですね。だから、お客様にとっても信頼や安心につながる、と。最後に、今後の展望を教えていただけますか?

これまで、システム販売などお客様から求められてきたことにキチンと答えてきた、という部分が大きいんですが、今後もそれをしっかり継続していけば、さらに成長できると思っています。

イー・ロジットは、物流業界に他業種で行われているマーケティング手法を持ち込み、業界革新を起こしています。角井社長はMBAホルダーですが、奇をてらった手法ではなく、お客様のニーズに着実に応えていくことに主眼を置いています。ネット通販というセグメントに絞り、そのノウハウで勝負するという戦略はさすがです。

事例 2

"まじめ"が生み出す顧客ロイヤルティー

ユースキン製薬株式会社　企画部マーケティング室室長　窪田理恵子氏

所在地……神奈川県川崎市
業種……医薬品メーカー

黄色いハンドクリーム「新ユースキンA」で有名なユースキン製薬。女性の固定ファンが非常に多いことで知られていますが、製品の品質と経営の堅実さでも有名です。経営書や雑誌での取材はあまり受けていないのですが、今回は特別にご了承いただきました。

――「ユースキン」といえばハンドクリームで有名ですが、ご存じない方のために会社紹介をお願いします。

はい。当社は昭和23年に設立された製薬メーカーで、「新ユースキンA」などのスキンケア製品を製造、販売しています。女性の方ならまずご存じかと思いますが。

――ユースキンさんは、もともとはメーカーではなく、薬の販売をされていたとか？

そうなんです。先代の会長は最初薬屋を営んでいました。当時は冷たい水に手をさらして炊事や洗濯をしていたので、ひびやあかぎれで悩んでいるお客様がとても多かったんです。それなら、自分で作ってしまおうと考えたそうです（笑）。そして知り合いの薬学博士の先生と一緒に開発したのが、今のユースキンAです。基本的な配合は、現在でも変わっていません。ちなみに、日本ではじめての黄色いクリームなんですが、保湿作用のあるビタミンB_2を入れたらそうなっただけで、無香料、無着色です。

――ユースキンという名前の由来は何ですか？

ユーはあなた、スキンは肌です。あなたの肌を大切にしたいメーカーだということですね。

――そのままですね（笑）。ユースキンAはいまどのくらい売れているんですか？

正確には新ユースキンAという名称になりますが、20gと33gのチューブ、70gと120gのボトルという4種類のパッケージで販売しています。この4つの年間生産量が450〜500万個くらいですね。最初はボトルで発売していたんですが、外出のときにも携帯したいというニーズがあったので、それにお応えしてチューブでの販売も始めました。

トレーニング13　用途提案による需要創造

医薬品だからといって、使用する場所が家庭内だとは限りません。スキンケア用のクリームであれば、外で手を洗った後などにも塗りたいというニーズはあるでしょうから、携帯用チューブを追加することは理にかなっています。

——500万個とはすごい。しかも、もう40年以上売れ続けているんですよね。

そうなりますね。

——パッケージもユニークですよね。チューブタイプの箱は、両端から開けるのではなく、お菓子のように真ん中から開けるようになっていますね。

ええ、これは薬のパッケージとしては初めてだそうで、しかもパッケージそのものが取扱説明書になっているんです。普通は別の紙に印刷しますが、それではあまり読まずに捨てられてしまいがち。でも、箱に印刷してあれば邪魔にならないし、自然と目に入ってきますよね。説明書を別に印刷して封入する費用も削減できて、一石二鳥です(笑)。

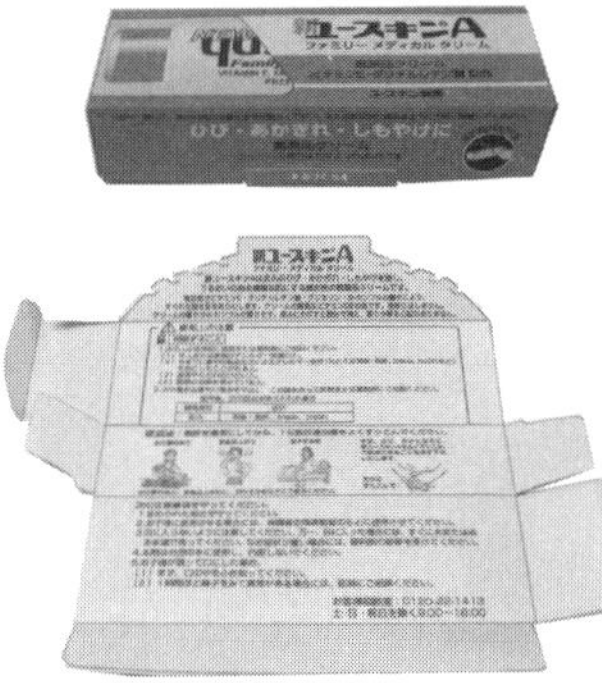

「新ユースキンA」(70gチューブ)のパッケージ

トレーニング08　継続的改善による顧客維持

ロングセラー商品でも、全く同じ形態で売れ続けている商品というのはほとんどありません。何らかの改良、改善を続けているからこそ、ロングセラーになり得ているのです。

ユースキンの場合、製品の中身は開発以来ほとんど変わっていなくても、パッケージにはまだまだ改善の余地があったわけです。

――御社では、ユーザーさんと直接対話することを重視されているそうですね。

「お客様の声を開発や営業に生かそう！」というのが社長の口癖なので、社長も含めた全社員が、年に一度はお客様とふれあう機会を持つことにしています。そのため、メールやお手紙をいただいたユーザーさんにお声をかけて、毎年ユーザーの集いを開いています。

――ユーザーさんが手紙を書いてくれるんですか？　それは珍しいですね。

ユースキンに愛着を持っている方が多いらしくて、よく感謝のお手紙とか、お電話をいただくんですよ。お手紙は月平均1500通くらいいただきますが、たぶんほかの会社さんよりかなり多いんじゃないでしょうか。それと、一部の商品にはお客様からのご意見を聞くためのハガキが入っています。これも多くの方にご返答いただけるので、お客様とのコミュニケーションに活用します。

――すごいですねえ。そういうハガキって普通はあまり反応がないものですが。

ハガキをいただいた方には、手書きで一通一通お返事を書きます。

――手書きですか!?

ええ。社長自ら書くこともありますよ。お電話をいただいた場合でも、商品をキチンと理解して使用していただくために、1時間でも応対することがよくありますね。

――本当にユーザーを大切にされているんですね。ユーザーの集いでは、どのようなことをするんですか？

一般の方から格言を募集して、「日めくり格言カレンダー」というのを毎年作っているんですが、ユーザーさんにその選考をしていただきます。500人くらいの方をご招待しますが、お茶とお菓子を出したり非常にアットホームな雰囲気ですよ。ユースキンという共通の話題があるので、ユーザーさん同士もすぐに仲良くなれるみたいです。もちろん当社の社員も参加して、ユーザーさんとの交流の場にします。お客様も当社の社員と話すのを楽しみにされているみたいで、「わたしとユースキンの出会い」といった、商品開発に役立つようなお話もたくさん伺えます。

トレーニング10　顧客交流マーケティング

ユーザー会というと通常は売り手から仕掛けるわけですが、ユースキンの場合は、どちらかというと自発的な集まりに近いです。わたしも消費財メーカーにいた経験がありますが、卸や小売店経由で商品を売っている場合は、ユーザーとの直接の接点はほとんどありません。営業マンが日常的に接するのは、小売店や本社のバイヤーどまり。すると、顧客の生の声を聞くことが難しくなってきますが、ユースキンはこのような仕組みを作ることによって、ダイレクトなコミュニケーションを可能にしています。ハーレーは高額商品で利用期間も長いためユーザー交流はしやすいのですが、低価格最寄品で、しかも販売ルートがなくてもユーザー交流はできるという数少ない好例です。

ユーザーは非常に賢くなってきており、広告という「作られたメッセージ」への信頼は低くなっています。では、何を基準に購買意思決定をしているかというと、実際にその商品を使っている友人や知人からの情報。ユースキンの熱狂的ファンが周囲に製品を勧めれば、それはお金をかけた広告よりもはるかに強力な顧客獲得媒体となります。テレビCMをガンガン流すような大手とまともに勝負するのではなく、大手には難しい「顧客とのふれあい」という戦略で差別化を図っているのです。口先だけで「お客様の声を聞け」という会社は多いでしょうが、社長自らハガキを書けば、それは社員にも伝わりますよね。

――次に、販売やマーケティングに関して何か工夫はされていますか？

ええ、いくつかありますね。小売店さんに対して、いわゆる棚割り提案（※）をしています。他の業界では結構見かけますが、医薬品、少なくともハンドクリームでやったのは当社が初めてですね。そういうことがあまり一般的でなかった医薬品業界ではチャンスだったわけです。

――どんな棚割りですか？

薬を症状別に分けて陳列することを提案しました。ビタミン系クリーム、尿素系クリーム、かゆみ止め系クリームなど、それぞれにどのような場合に使えばよいのかを店頭で説明してあげるんです。例えば、尿素系クリームは角質を柔らかくするので、かかとなどのガサガサしたところに効果的なのですが、顔に塗ってしまうとお肌が傷んでしまいます。逆に、ビタミン系クリームは保湿にいいんですが、角質を落とすという効果はないんです。

――スキンケアクリームにもいろいろあるので、症状にあったものを使いましょう、ということですね。

そうです。ユースキンはビタミン系クリームなので、ビタミン系クリームの棚ではユースキンを一番目立つところに置いて下さい、とお願いします。以前はいろいろ有利に展開できたんですが、最近は医薬品業界でも一般的になってきましたね。

※小売店での陳列が買う人にわかりやすくなるように、メーカー側から商品の配置を提案すること。マーケティング用語ではプラノグラムと呼ぶ

トレーニング24　後工程マーケティング

メーカーから小売店に売られた商品は、そのあと当然小売店のお客様に販売されます。そのお手伝いをすることで、ユースキンは自社に有利な棚割り提案ができるわけです。「この後どう使うのか？」と考えることは、どんなビジネスでも普遍的に使えるテクニックです。

――ほかにはどんなマーケティング施策をされていますか？

2000年から、「いい手の日」というキャンペーンを実施しています。11月10日をいい（＝11）手（＝10・テン）、とした語呂合わせなんですが、気象庁によると、11月10日ころを境に平均最低気温が10度以下になるそうです。そして最低気温が10度以下になると、ハンドクリームの売り上げも伸びるというデータが出ています。語呂合わせと気候の変化がぴったりと合っているんです。

――それは面白いですね。どんなことをするんですか？

当日は渋谷でイベントを開催します。ユースキンを使ってもらうというサンプリングに加えて、ハンドマッサージもしてあげます。お肌をマッサージすると血行がよくなるので、ユースキンに入っているビタミンEの血行促進作用と相まって、その効果をより実感できるんです。また、マッサージしている間にお肌の悩みを伺って、ご相談にのるようにしています。手だけではなく、ひじ、ひざ、かかとなどにも使えるという説明などもしますよ。

トレーニング15　イベントマーケティング

記念日を制定してイベントを行う典型的なイベントマーケティングですが、この場合は理論的裏付けがあるため、より説得力のあるものになっています。

トレーニング03　サンプリング

実際に使ってもらえば効果がわかるので、より説得力のある商品訴求ができます。商品を配るだけではなく、そのあとのマッサージで効果を体感してもらっていることがポイント。

トレーニング13　用途提案による需要創造

さらに、「塗った後でのマッサージ」という用途提案も同時に行っています。普通はただ塗るだけでしょうから、このような新しい提案は製品により愛着を感じてもらえるきっかけになります。また、ひじやひざ、かかとにも使ってもらえれば、消費がより促進されて、買い替え頻度が高まるかもしれません。

――最後に一言お願いします。

まわりからは逆に商売下手だといわれてしまうくらい、ユースキンはまじめな会社なんです。ここまでやるか、っていうくらいまじめです（笑）。でも、だからこそ自信を持って商品を売れるし、ユーザーさんとのコミュニケーションも楽しんでできます。お客様の反応を直接得られるというのは、商売の最高のだいご味だと思いますよ。

ユースキンのさまざまな戦略は、全体として非常に整合性があります。一言でいえば、「ユーザーの利益を追及しているまじめな会社」ということになるでしょうか。それは、ユーザーから感謝されるという製品の品質に表れており、ユーザーとコミュニケーションしようとする姿勢から生まれています。

そして、それを実現する双方向コミュニケーションの仕組みが、驚異のロングセラーを実現してきたのでしょう。買い手の「よい商品に出会えるという幸せ」、売り手の「お客様に喜んでもらえるという幸せ」。そんな素晴らしい関係が、商売の原点なんだということをあらためて認識させられました。

事例
3

士業を変えるマーケティング的発想

金森合同法務事務所　代表　金森重樹氏

所在地……東京
業種……法務事務所

2002年開業ながら、全国38の行政書士事務所を束ねる団体を主宰し、飛躍的に業績を伸ばしているのが金森合同法務事務所。行政書士というのはそれだけで事業にするのはなかなか難しい資格ですが、毎年売り上げが伸びているというのは驚異です。事務所の代表である若き戦略家、金森重樹さんにお話を伺いました。

——金森さんのメールマガジン、「たった1日で800万! 楽して儲かる驚異のFAXDM」はわたしも購読していますが、なんと購読者が約4万人（2004年3月現在）。ところが、金森さんの本業はマーケティングではなく、法務事務所なんですよね?

もともとは、不動産業界で働いていたんです。ある会社の株式公開を手がけたんですが、その中でマーケティングや事業戦略構築のノウハウを身につけ、必要にせまられて行政書士の資格もとりました。その後独立して、行政書士事務所を開きました。

——行政書士さんって、何をするか今ひとつよくわからないんですが…。

確かにそうですよね（笑）。だから行政書士だけで食べていけない人ってたくさんいて、生活保護以下の収入の方も結構います。ちょっと古いですが、10年前のアンケートでは、62％の方が年収300万円以下でした。

――それなのに、金森さんは開業初年度で年商2000万円を超えていたとか。

ええ。たしか2138万円でした。それで、行政書士の仕事はどういうものかということですが、「行政」書士ですから行政に許可を取る場合には何でも仕事になるんですよ。例えば、リサイクルショップや不動産屋の経営には許可が必要ですからそのアドバイスをしたり、書類作成を手伝うことができます。それから、民事でいえば契約のクーリングオフや、借金返済の法律的なアドバイス。ほかには、外国人が日本でビザを取るお手伝いや、相続、離婚を円滑に行うためのお手伝いなどですね。ウチでは、離婚だけで月300件くらいの受注がありますよ。

――そんなに仕事の範囲が広いんですか！　でも、一般の人は行政書士がそんなにいろいろな業務をできることを知らないでしょうから、まずそれを伝える必要がありますね。

そうなんです。ウェブサイトには、とりあえず貸金業登録やビザ取得、会社設立などのアドバイスを掲載しています。それと「相続問題連絡協議会」、「離婚問題連絡協議会」、「悪徳商法連絡協議会」というサイトも作っているんですよ。これは、相続や離婚問題をかか

相続問題連絡協議会　http://www.souzoku.jp/
離婚問題連絡協議会　http://www.rikonnet.jp/
悪徳商法連絡協議会　http://www.akutoku.jp/

えている方、悪徳商法にひっかかった方のための法律知識やアドバイスを載せているんですが、そこからわれわれの事務所に相談できるようになっています。このような協議会を通じて、新しい顧客を獲得しているわけです。

――なるほど。サイトには具体的なアドバイスが詳しく載っていますが、「さらに相談したい場合は当社へ」ということですね。

お困りのときはぜひ（笑）。

トレーニング13　用途提案による需要創造

行政書士という職業そのものはよく知られていても、どんなことができるのかということはあまり知られていません。相続や離婚、悪徳商法など、それぞれ困ったときという用途を提案すれば、行政書士としての仕事の間口が広がります。具体的な提案をせず「なんでもできます」と言ったところで、顧客には伝わらないでしょう。

――ほかに何か特別な宣伝などはしていますか？

特定調停については、本を3冊出してます。また、新聞や雑誌などに記事が掲載されたり、テレビ出演したこともあります。

――**特定調停というのは何ですか？**

まだあまり知られていませんが、２０００年2月に「特定調停法」という法律が施行されました。多額の債務を抱え、支払い不能に陥る可能性のある個人や法人を救済するために、調停で借金の免除や減額を行う制度です。

――**借金減額のための法律があるんですか？　自己破産するよりいいですね。**

そうなんですよ。だから他にも全国の各支部の先生をトレーニングしたり、ウェブサイトでこの特定調停法についての知識を一般に広めたりしています。そうすることで、行政書士の仕事、ひいては当事務所の仕事が増えるのではないかと考えています。

――**実際に相談したい場合は、どのようなメニューになっているんですか？**

メール相談は一通千円です。メール専用のスタッフがそれに回答します。面談は5千円で、実際に作業を行う場合は、内容にもよりますが、万の単位になります。内容証明なら1万円、相続なら70～80万円という感じです。

――**なるほど、千円、5千円、1万円～数十万円、というメニューですか。当然これは戦略的に考えられたんですよね？**

もちろんです。特に、メール相談千円というのがポイント。電話とかメールで無料のアドバイスを受けようとする人が結構いるので、相談は必ずメールで受けるようにしています。

特定調停連絡協議会　http://www.tokuchou.jp/

電話がきても、「メールしてください」って言うんですよ（笑）。行政書士は仕事単価が安くて価格競争力があるんだから、無料でやる必要はありません。

――そういうことは他の行政書士さんもやっているんですか？

いや、有料でやっているところはあまりないですね。安易に「無料相談」なんてやって、お客さんを逃している人はたくさんいますよ。

――なるほど、そのアドバイス自体が行政書士さんの商品だから、それを無料で提供してはいけない、と。

そうなんです。無料相談から実際の受注への転換率は低いので、メール相談は一種のファイアウオールなんですよ。

トレーニング26　売れる商品と売りたい商品
トレーニング02　捨てるターゲティング
千円のメール相談を誘い水として、そこから5千円の面談、そして大きいビジネスへと商品の仕組みをうまく作っています。無料相談は受けないかわりに、低価格商品を用意しているのがポイント。

千円すら払う気がないということは真剣ではない人でしょうから、そんな人の相談は受けない、という姿勢を明確にしています。見込みのない案件を避け、かつ、真剣な人が気軽に相談できるという仕組みをうまくつくっていますね。

――自分から営業することはないんですか？

しないこともないですが、するときはレバレッジ（てこ）のある方法を使います。例えば相続の営業なんかは、互助会に行くんです。会員数10万人の互助会であれば毎年数千人がお亡くなりになるので、相続の仕事がかなり取れますから。

――それはすごいですね。でも、税理士さんや弁護士さんなんかと競合しないんですか？

実は、相続税を払う方というのは、お亡くなりになる方１００人のうち5人だけという割合なんですよ。ということは、相続税のかからない残り95％については、税理士さんは手を出さないんですね。税金を払わないわけですから。弁護士さんと競争したら、価格競争力は行政書士の方が圧倒的に高いのでまず勝てます。あとは他の行政書士さんに勝てばいいのですが、あまりわたしみたいな発想をされる方がいないようです。

トレーニング07　顧客カスケードマーケティング

新しい顧客を得ようとするときは、レバレッジ効果（テコの原理）を使うと、労少なくして多くの果実が得られます。そこを押さえれば、顧客がごそっと動くポイントを見つけるのがコツ。金森さんの場合は、相続が発生する（お亡くなりになる）ポイントを互助会と考えて、そこに狙いを定めました。それにしても戦略的な発想です。

——マーケティング的発想を駆使して業績を伸ばしていますが、次の一手として、どのようなことを考えていますか？

今は、弁護士事務所とのタイアップを考えています。借金の分野については、弁護士さんとよい相乗効果が期待できそうですから。

——どういう仕組みですか？　競合しそうに聞こえますけど。

債権者の一覧表や内容証明の作成など、行政書士ができる書類作成は価格競争力が高い行政書士がやって、裁判所への申立書作成などの専門的なことは弁護士さんがやる。そのように共同で販促してお客さんを相互に融通し合えば、両方にメリットのある非常にいい関係が築けると思いますよ。弁護士さんのバックオフィス業務を、行政書士が受けるというわけです。これによって、弁護士さんの処理件数が上がるとともに、事務員を雇わなくてもすむわけですから、労務費が抑えられるというメリットもあります。

トレーニング05　アフィニティマーケティング
同じ顧客をターゲットにしている会社と組んで、共同でサービスを提供する仕組みをつくれば、双方にメリットがある場合があります。
この場合、競争相手となりそうな弁護士さんをうまく取り込もうとしています。お互いに顧客を紹介し合えば、行政書士さんと弁護士さんの両方にメリットが生まれるでしょう。

――最後に、読者の方にアドバイスがあればお願いします。

そうですね、わたしがやっていることも、聞いてみれば「なーんだ」と思うことばかりでしょうが、それでもウチが倍々ゲームで伸びているのは、ほかではそれを実行に移していないからなんです。リスクは確かにありますが、リスクを取らないところには成果もないですよ、やっぱり。効果がありそうだったら、月１００万円使ってでも広告を出せばいい。お金を捨てる勇気、そういう気持ちが必要なんです。

――保守的ではいけないということですね。

行政書士に限らず、プライドが高すぎて失敗を怖がっている人はダメですよ。戦略を考えてリスクを取る。これからも、いろいろと失敗しながらチャレンジしていきます。失敗は、成功するための経験の貯金ですから。

非常に戦略的な発想をされる方です。金森さんはたまたま行政書士業界で大活躍していますが、優れた発想力とマーケティング力によって、他の分野でもきっと活躍していたでしょう。金森合同法務事務所の例は、マーケティングが進んでいない業界でそれを導入すると、一気に業界地図が変わるという好例ですね。

まだ若干34歳。金森さんの今後の挑戦が楽しみです。

※金森さんのノウハウは「超・営業法」（ＰＨＰ研究所）にさらに詳しく載っているので、興味のある方は読むことをオススメします。

事例
4

優良顧客を引きつける徹底したこだわり

オートクチュール・ボーグ　代表──青山治満氏　デザイナー──青山クニエ氏・定慈氏

所在地…東京都新宿区
業種……服飾製造小売店

新宿で70年以上にわたって堅実、優良経営を続ける、オートクチュール・ボーグ。生き残るだけでも厳しい業種で優良顧客を引きつけるその秘訣は、お客様の心をつかみ続けるこだわりの品質。代表の青山治満氏にお話を伺いました

──オーダーメードで洋服の製造、販売をしているというボーグさんですが、開業したのはいつごろですか？

洋裁を習ったわたしの母親が1930年に洋装店を開店したのが始まりで、わたしで2代目になります。お客様からご要望を伺って生地を選んでいただき、採寸して、服を作ってお売りするという、いわゆるオーダーメードの洋服屋なんですが、今風にいえばSPA（※）ってやつですね。規模は小さいですが。

──洋服の草分けですね。売り上げの方はいかがですか？

さすがに右肩上がりとはいいませんが、おかげさまで創業以来70年、一貫して黒字経営、

※製造小売り。製造から販売までを一貫して行う業態のこと

無借金経営です。昔ながらの洋装店は、もう数%しか生き残ってません。お客様には本当に感謝しています。

――主力となる商品はどんなものなんですか?

女性用のツーピーススーツで、一着13万円くらいからです。

――ということは、女性のお客様が多いんですね。

ええ、働いていらっしゃる女性のお客様が多いです。年齢でいうと40代が中心ですが、下は20代から上は80代のお客様までいらっしゃいますよ。年齢というより品質、それに自分らしさやこだわりを追求されるお客様が多いです。

――「自分らしさの追求」とおっしゃいますと?

たかが洋服ですが、されど洋服だと思うんです。洋服を変えると気分も変わるっていうことありますよね。晴れがましい場だったら、やっぱりよい服で行かないと引け目に感じたりしませんか? お客様が自分らしくあるために、少しでもお手伝いできたら、と思っているんです。

――なるほど。洋服は自己表現の手段というわけですね。自分らしい洋服を着て、自分らしくありたい、という。

ええ。わたしたちの仕事はお客様からの感想を直接いただくので、厳しい反面、非常にやりがいがあります。「この洋服、友達から褒められたわよ」とお客様に言われたとき、それが最高の瞬間ですね。

――お客様のニーズはどうやって聞き出すんですか？

いわゆるオーダーメードでは、お客様とのやりとりが何度かあります。最初にご希望を伺うとき、ラフのデザイン画をお見せするとき、仮縫いのときなど、3、4回はご来店いただくでしょうか。その際に、世間話をしながらお客様が求めている感情の部分をつかんでいきます。採寸も大事ですが、採寸通りに作るよりは、着心地、そしてデザインを大切にしています。

トレーニング19　感情的ベネフィット

お客様は、機能としての洋服と共に洋服を通じた気持ちの変化を求めています。したがって、オーダーメードには洋服のサイズをお客様にぴったり合わせることはもちろん、お客様の「気持ち」にぴったり合わせる、ということも必要になります。

親密なコミュニケーションができるということは、オーダーメードの一番の強みといえるでしょう。機械製品の受注生産がお客様からの物理的要望に応えているとすれば、洋服の受注生産はお客様の感情的要望に応えています。ボーグは「洋服」を売っているのではなく、「洋服を通じて自分らしくありたい」という思いを売っているわけですね。

――品質におけるこだわりとは何でしょうか？

例えば、当店でオーダーメードの洋服ができるまでには、デザイナーや縫製をする人など4人の手が必要になります。しかも、その縫製はミリ単位での作業なんですよ。縫製も徹底的な教育を施したスタッフがあたりますし、全員が直接お客様と接します。その分、既製服に比べるとどうしても高くなりますが。

――スーツ一着が、だいたい十数万円ということでしたよね？

もちろん高いものはそれ以上になります。ただ、古くからの取り引き先から非常に安く仕入れられるので、高品質なものを適正な価格でお買い求めいただけます。ある女性の大臣のために、宮中晩餐会用の服をデザインしたこともありますよ。「ローブデコルテ」というんですが、女性のイブニングドレスとしては最も正装で、70万円くらいします。そういう洋服は、素材は良いし、手間・時間もかかりますから、やはり高くなってしまいますね。

トレーニング20　プライスゾーンの引き上げ
仕入れの工夫によってなるべくリーズナブルな値段で提供する姿勢は保ちつつ、10万円台の洋服から70万円のローブデコルテのような超高級服まで、商品構成によって幅広いプラ

イスゾーンを用意しています。これによって、お客様の好みや状況に合った商品を選んでいただけるようにしているのです。

――販売促進のためにしていることはありますか？

今までにお買いあげいただいた方を対象に、いろいろな生地を並べて見ていただく展示会を行っています。売り上げの9割はリピートのお客様なので、そのお客様を大切にしたいという気持ちはあります。新宿のトンカツ屋の色紙に「好客3年、店を変えず。好店3年、客を変えず」という言葉がありましたが、よい眼をお持ちのお客様とそれに応えるお店でよい関係を築こう、ということだと思います。わたしもそんな気持ちですかね。

――なるほど、Win-Winの関係っていうことですね。

難しくいうとそうなるんですか（笑）？ 価値を認めていただけるお客様と、長くおつきあいしていただけるのは本当に嬉しいです。お客様に教えていただくことも多いので、お客様と共に成長してきたという感じです。

――お一人で何着も買われるお客様もいらっしゃるんですか？

そうですね、年に2、3着お買いあげいただけるお客様は多いですし、年に5着、6着というお客様もいらっしゃいます。

――まさに、少数のお客様が大部分の売り上げを支えるという「20対80の法則」（※）ですね。価値を認めていただけるお客様と関係を深めて、その人に最高のサービスを提供する、ということでしょうか？

先ほども言ったとおり、オーダーを1着仕上げるには何度もお客様とのやりとりをする必要があります。その間に人間関係が深まっていくんですが、そのステップはものすごく楽しいですよ。お金だけじゃない、人間のつながりを感じるんです。1枚の生地から洋服を作っていく受注生産ですから、制限されることなしにどんな洋服でもできます。でも、要望を完全に実現するためには、お客様のことをよくわかってないといけないんですよ。

――なるほど、手間がかかるというオーダーの弱みを転じて福となす、ということですね。

売った後にも、お客様から答えが返ってきますよね。よかったとか、悪かったとか。それによって、お客様のことがさらによくわかっていくわけです。よい生地が手に入ったときは、その生地が似合いそうなお客様が頭に浮かぶんですよ。それで、電話してご来店のご案内をしたりもします。今はやりの「オンリーワン」じゃないですが、お客様のこだわりに、こちらもこだわりでお返ししているわけです。

※イタリアの経済学者パレートが発見した所得分布の経験則で、全体の2割程度の高額所得者が社会全体の所得の約8割を占めるという。この法則は、社会のさまざまな現象にも適用できる。「パレートの法則」、「2：8の法則」とも呼ばれる

トレーニング10　顧客交流マーケティング

徹底的に会話してお客様のことを知り、それによって関係を深めていくというのがボーグのビジネスモデル。お客様の数が多い場合は顧客同士の交流を促進する手法が適していますが、お客様を絞れる場合には、直接交流する手法が有効です。

——新しいお客様の開拓はしていますか？

しないこともないですが、いきなりオーダーのスーツは売れないんですよ。物事には順序があるんです。

——とおっしゃいますと？

店の入り口近くには、バッグや帽子などの小物類を充実させています。そうした小物を手にとってもらえれば、店に入りやすくなりますよね。そうして、だんだんとスーツへ流れてくれればと思っています。時間はかかりますが、オーダースーツはフラッと店に立ち寄って衝動買いするような商品ではありませんから。

トレーニング26　売れる商品と売りたい商品

ボーグの主力商品はオーダースーツ。しかし、初めてのお客様がいきなり十数万円のスーツをオーダーしてはくれません。そこで、気軽に買える小物を「売れる商品」として配置しています。そして、店内でボーグのこだわりや品質を伝えることによって、主力商品のオーダースーツに関心を持ってもらうわけです。

——優良な固定客をもっているということで、しばらくは安泰でしょうね？

いいえ、新しい素材や技術が日々生まれているので、とても伝統だけで食べていける時代じゃありません。例えば、うちではラオスで手織りしている希少な生地を使ったスーツも作っています。スタッフを現地に派遣して、こちらの希望通りに作ってもらっていますが、日本で取り扱っている店は他にないかもしれません。未知の素材なので使うのは最初はちょっと勇気が要りましたが、お陰様でご好評いただいています。また、約80年前に織られたアジアの古布を使おうかとも考えています。このような生地にはオリジナリティがあるので、これからもどんどんトライしていきますよ。

トレーニング08　継続的改善による顧客維持

老舗と呼ばれる店ほど、お客様の変化に追いつけず衰退していく例が目立ちます。全国の商店街や温泉街が、なかなか変われずに衰退していく例は枚挙にいとまがありません。常に改善を続けてこそ、「いつまでも変わらない素晴らしさ」という評判を得られるのです。ボーグは現在の品質や製法に満足せず、新しいものを取り入れ続けているからこそ、お客様に信頼されているのです。

伝統ある店に共通の課題として、顧客の老齢化が挙げられます。昔からのお客様が年をとっていくのは宿命なので、ボーグの場合も、伝統を残しつつ顧客の新陳代謝を図っていく必要があります。ただ、ボーグは伝統と評判にあぐらをかかず、新しいものを取り入れつつお客様のニーズに応えようとしています。その姿勢を失わない限り、これからもキラリと輝く「新しい老舗」であり続けていくことでしょう。

あとがき——なぜマーケティング脳が必要なのか？

おつかれさまでした！　ここまで読破されたあなたは、もうだいぶ「マーケティング脳」になってきたのではないでしょうか？　一気に思考の枠をとっぱらったので、ひょっとしたら少し混乱しているかもしれません。でも、それでいいんです。次のステージに進むときには、違和感を感じるものですから。

身の回りからのトレーニング

本書では、多種多様な手法を取り上げました。用途提案のような王道もあれば、人質マーケティングのような一見奇抜な手法までさまざまです。高度なマーケティング理論を背景に持ってはいますが、あえて統一性や一貫性にこだわったつくりにはしていません。それは、あなたの思考の枠を取っ払いたかったから。

「マーケティングは本の中で起きているんじゃない！　あなたの身の回りで起きているんだ！」(織田裕二風に)。モノを買うとき、電話セールスを受けたときなど、あなたの周りのさまざまな場面でマーケティングが起きているのです。のどが渇いたと思ったときに、コンビニに行くのか自販機を探すか、炭酸にするのかウーロン茶にするのか、ウーロン茶の中でどのブランドを選ぶか、缶にするのかペットボトルにするのか、一瞬のうちに複雑な意思決定をしています。そのすべてが、マーケティングなのです。

本書のネタは、身の回りのあるものばかり。それは、繰り返しますが、「マーケティングはあなたの回りで起きている！」ということを体感していただきたかったからです。

自分で武器を作り出せる「マーケティング脳」

本書は、わたしが発行している無料メルマガ、「売れたマーケティング　バカ売れトレーニング：売れたま！」（※）をベースにしています。6千名を越える読者さんに購読いただいていますが、一番多い声はこのようなものです。

「読むようになってから、マーケティング的発想で回りを見るようになりました！」

「わたしの身の身の回りにもあることから学んで、仕事に使えるようになりました！」

そうなんです。本書のトレーニングで「マーケティング脳」を手に入れると、回りの気づきから学んで、自分で武器を作れるようになるんです。それが、本書の最大のベネフィット（トレーニング01・19）です。

とりあえずは、39ページにある「バカ売れトレーニング体系図」をコピーして、財布の中にでも入れておいてください。そして、お客様と接する前に見て、ちょっと考えてみて

※ http://www.mpara.com/mag.htm

ください。「このお客様にはどの武器が使えるかな」と。そうすると、あなたの手の中に武器が浮かんでくるので、その武器を使ってみましょう。上司や部下、同僚にコピーを渡して、話し合ってみるとよいアイデアが生まれるかもしれません。

うまくいった？　素晴らしい！　ダメだった？　じゃあ今度は別の武器を使ってみましょう。使いこなせるようになるまでには若干の練習が必要ですが、そのうちあなた自身の武器を作り出せるようになります。

それでも自信がないというあなたは、わたしのメルマガを購読してください。週2回、武器が無料で届きます。あなたの「マーケティング脳」をさらに強化できるでしょう。

もうマーケティング本やコンサルタントに踊らされる必要はありません。自分自身で武器を作る、「マーケティング脳」を手に入れたんですから。自分の武器を、身の回りや他業界から探していくらでも作り出せるのですから。

売り上げに苦しんだとき、本書をもう一度さっと読み直してください。あなたはすでに、「マーケティング脳」を手に入れたことを思い出せるはずです。身の回りを、他業界を見回してください。武器があなたの手の中に自然と産まれてきます。そして、それは一生の財産になります。

それでは、皆さまのご武運をお祈りします。

謝辞

最後に、この本を刊行するに当たり、秀和システムの編集者の方に感謝を捧げます。慶応大学ビジネススクール前校長の小野桂之介教授には、過分な推薦文をいただき、それに見合うだけのことをしなければ、と再度身が引き締まる思いがしました。早稲田大学理工学部の藤井正嗣先生には、ハーバード仕込みの経営論といろいろなチャンスをいただき、マーケティングをさらに突っ込んで考えることができました。それから経営者連邦の小笠原昭治先生。自らも経営者であり、すさまじいまでの場数を踏んだ経験に裏打ちされたそのマーケティング理論には、いつも新たな気づきをいただきます。それなしには、わたしのメルマガを週2回継続して発行し、本書刊行にこぎつけることはできなかったでしょう。売り上げに悩んだ方は、「経営者連邦」とインターネットで検索してみてください。また、先生の著書「あなたが会社の利益を殺す犯人だ!?」は必読書です。それから、6千人の「売れたま!」読者の皆さん、いつも激励やアドバイスをありがとうございます。その声を励みに、週2回発行し続けることができました。特に、定期的にアドバイスをいただくロンドン在住のKさん、ありがとうございます。的確で明確なご指摘は、さすが日本屈指のスーパーディベーターです。わたしのディベートの後輩ながら、藍より出でて藍より青し、とはまさにKさんのことです。それから、宮澤社長を始めとする現勤務先のラップコリンズ株式会社の方々、およびクライアントの方々。さまざまな学びの機会とご指導をいただき、本当に毎日楽しく仕事ができます。「売れたま！」のネタを欠かさず週2回供給できるのは、仕事場でのインプットがあるからです。また、キャドバリー・ジャパン株式会社、ペンシルバニア大ウォートン校、NTTなど、それぞれの時代にお世話になったクライアント、上司・同僚・部下・友人の方々。大失敗経験も含めて、いろいろなマーケティング経験ができました。それが本書の土壌となっています。紙面の都合でご紹介できなかった方々にも、深い感謝を送りたいと思います。わたしの人生で起きたすべてのことが今につながっているのだと思います。

そしてわたしの最大の理解者であり、応援団長でもある妻恵子に最大の感謝を捧げたいと思います。わたしを認め、勇気づけてくれるそのエネルギーがあったからこそ、つい甘えたくなる弱い心にムチを打って頑張ることができます。

では、わたしのメルマガでまたお会いできるのを楽しみにしています。世の中が「マーケティング脳」で溢れるようになるまで、「売れたま！」は発行し続けていくつもりです。

佐藤義典

推薦文

「高度なマーケティング理論をこれほどわかりやすく、実践的に書いた本がこれまであっただろうか」

これが、本書を読んだわたしの率直な感想である。

かれこれ40年ほど慶応大学ビジネススクールに身を置き、社会人学生たちに実践的経営学を教えてきた。そうした経験の中でいつも思うのは、知識を学生の頭の中まで入れることはできても、それを彼らの行動につながるところまで体得させることの難しさである。理論を十分「理解」した頭脳明晰な学生でも、ビジネス本番の「実践」という段で、具体的なアクションという応用動作につなげることはなかなか難しいのだ。

本書の著者である佐藤義典氏は、日本の超大企業、少数精鋭の企業、外資系企業など多様な現場で経験を積み、営業やマーケティングを幅広く実践してきた。一般企業のマーケティング、営業部門での業務に加え、コンサルタントとして数多くの企業と接してきたことも同氏の強みとなっている。

佐藤氏はまた、ペンシルバニア大ウォートン校という、世界でトップクラスのビジネススクール（経営大学院）でマーケティングを専攻してＭＢＡを取得した、日本人としては数少ないスーパービジネスマンである。その佐藤氏が、飛び込み営業などの泥臭い経験も豊富にあるというから驚きである。こうしたこれまでの幅広い勉学と経験が、この本の「高度かつ実践的な内容」を生み出しているのだろう。

お読みになるとわかるように、著者がウォートンスクールで学んだ「マーケティング理論」そのものの堅苦しい記述は、全章を通じてほとんど登場しない。それらはすべて、地面の下の元肥として作用し、作物たる本書は「新しいお客様を増やす」、「今いるお客様を逃がさない」、「リピート購買を増やす」、「商品単価を上げる」、「売り上げ点数を増やす」という極めて現場実践的な5つのアプローチに沿い、豊富な具体例で、しかも行動したくなるような語調で読者に語られる。それに加えて、内容が一段落するごとに、これまた分かりやすい具体例を盛りこんだ「となりのシャチョーさん」シリーズが、読者の理解をだめ押しフォローしてくれる。実にサービス精神豊かな本でもある。

マーケティングとは、私たち自身の日々の購買行動を深く理解する知恵にほかならない。だからこそ、身の回りの実践例をマーケティング理論と結びつけることには重要な意味がある。本書には、明日、いや、今からすぐ実行に移せる多くの実践例がちりばめられている。著者が示すように、わたしたちの周囲にはマーケティングの実践例があふれているのだ。それに気づかないのは、わたしたちがそうした視点で見ようとしないだけだ、ということを教えてくれる。

また、本書からは「小規模企業、頑張れ」、「あなたが頑張らないでどうする」、「売り上げを伸ばすのはあなた、そして会社を変えるのもあなただ」というメッセージがひしひしと伝わってくる。「となりのシャチョーさん」に出てくる例の多くは、明らかに個人で経営しているような小規模企業をイメージしている。組織が大きくなくても、予算がふんだんになくても、ちょっとした工夫でいろいろな可能性がある。だから「あなた」が頑張りなさいよ、という著者からのメッセージをぜひ感じ取ってほしい。ともすれば大企業ばかりを対象としがちなマーケティング理論を、中小企業で実践できるレベルにまで具体的に落とし込んでいる本には滅多にお目にかかれない。そうした意味でも、本書は中小企業の経営者やマーケティング、営業担当者にとっての貴重なガイドブックとなるだろう。

多少逆説的に聞こえるかもしれないが、そうした中小企業関係者だけでなく、大企業のマーケティング、営業スタッフとして働く人々にとっても刺激的な本である。今や世はMBA隆盛時代。わたしが4年間校長を務めた慶応大学ビジネススクールを含め、内外のビジネススクールでMBAを取得した人は多い。また、企業で営業とマーケティングの場数を踏んだ、優秀なマーケターもたくさんいる。しかし、その両方を兼ね備えている人は数少ない。冒頭でも触れたように、マーケティング理論は理解したがまだその実践能力の開発に努めている人、実践経験は豊富だが、それらを自分の頭の中で体系的に整理して、さらに専門能力を高めたい人は世に溢れている。本書は、これら両方のタイプの人にとっても格好の座右の書になると思う。

こうしている間にも、お客様のニーズは変わり、新しい製品や技術が生まれ、また新しいマーケティング行動が大小さまざまな企業によって展開されている。そうした情報の大海から、この本の著者佐藤義典氏が、その感度のいいアンテナと、センスのいいハートと、鍛え抜かれた頭脳を駆使して、さらに斬新な見方と実践的な知恵を抽出し、本書の続編としてわたしたちに提供してくれることが今から楽しみである。

２００４年３月１日　慶応大学ビジネススクール教授・小野桂之介

参考・引用資料

「なぜあの商品は急に売れ出したのか―口コミ感染の法則」(マルコム・グラッドウェル著/飛鳥新社)
「人生を変える80対20の法則」(リチャード・コッチ著/TBSブリタニカ)
「影響力の武器―なぜ、人は動かされるのか」(ロバート・B・チャルディーニ著/誠信書房)
「マーケティング辞典」(宮澤永光 亀井昭宏編/同文舘出版)
「CONSUMER BEHAVIOR AND MARKETING ACTION Fifth Edition」(Henry Assael/SOUTH-WESTERN College Publishing)
「コトラーのマーケティング・マネジメント―ミレニアム版」(フィリップ・コトラー著 恩藏直人訳/ピアソン・エデュケーション)
「『心理戦』で絶対に負けない本―敵を見抜く・引き込む・操るテクニック」(伊東明 内藤誼人著/アスペクト)

以上の書籍のほかに、「中小企業白書2003年度版」「日経ビジネス」「日経新聞」「日経ベンチャー」「読売新聞」「日経流通新聞MJ」「Oh SUPER JUMP」に掲載された関連記事を参考、または引用させていただきました。

佐藤義典（さとう・よしのり）

早稲田大学政治経済学部卒業後、NTTに入社。電話機や電話サービスの営業、マーケティング、関連会社のコンサルティングなどを経験したのち、ペンシルバニア大ウォートン校（2004年「Financial Times」紙・ランキング世界第1位）に留学。マーケティングと経営戦略を専攻し、MBAを取得する。帰国後ワーナー・ランバート（現キャドバリー・ジャパン）でプロダクトマネジメントを経験。マーケティング戦略を中心に、営業戦略や製品開発戦略を統括。現在は、長期的ブランド価値と短期的な売り上げの両立を唱える世界的マーケティングカンパニー、ラップコリンズ株式会社のディレクターとして活躍中。経済産業省が認定する中小企業診断士の資格も生かし、規模や業種を問わずさまざまな会社のマーケティング戦略を企画・立案している。人気メールマガジン「売れたま！」の発行者でもある。

●メールマガジンの購読（無料）はこちらから
http://www.mpara.com/mag.htm

“マーケティング脳《のう》”を鍛《きた》える
バカ売《う》れトレーニング

発行日　2004年　5月 11日　第1版第1刷

著　者　佐藤《さとう》　義典《よしのり》

発行者　牧谷　秀昭
発行所　株式会社　秀和システム
〒107-0062　東京都港区南青山1-26-1 寿光ビル5F
Tel 03-3470-4947(販売)
Fax 03-3405-7538
印刷所　日経印刷株式会社　Printed in Japan

ISBN4-7980-0764-1 C0034